자기 치유

그 림 선 물

자 기 치 유

그림 선물

2021년 4월 1일 초판 1쇄 발행

지은이 _ 김선현
펴낸이 _ 김종욱

표지·본문 디자인 _ ALL contents Group
마케팅 _ 백인영, 송이솔
영업 _ 박준현, 김진태, 이예지

주소 _ 경기도 파주시 회동길 325-22 세화빌딩
신고번호 _ 제 382-2010-000016호
대표전화 _ 032-326-5036
구입문의 _ 032-326-5036/010-6471-2550
팩스번호 _ 031-360-6376
전자우편 _ mimunsa@naver.com

ISBN 979-11-87812-24-1 03180

자기 치유

그림 선물

김선현 지음

미문사

4차 산업 혁명 시대로 인해 사회 전반적인 자동화로 사람이 하던 일을 인공 지능, 로봇, 인터넷, 스마트 기기 등이 대신하게 되어 하루가 다르게 편리한 세상이 펼쳐지고 있습니다.

이렇게 편리한 일상생활을 하게 되었으니 삶의 만족도를 나타내는 행복 지수도 당연히 높아져야 하지만 오히려 낮아지고 있습니다. 사회가 물질적으로 풍요로워질수록 정신적으로는 피폐해지고 있습니다.

이러한 여러 가지 문제로 인해 많은 사람들이 고통을 받고 있다는 것이 통계에도 그대로 나타나 있습니다. 우리나라는 최근 10년간 OECD 기준 자살률 1위를 기록하고 있습니다. 2020년 기준 행복 지수는 세계 61위입니다. 더구나 2020년 초부터 전 세계적으로 유행하고 있는 코로나19는 우리 국민의 아픈 마음을 더욱 힘들게 하고 있습니다.

힘들고 어려운 상황이 장기화·일상화됨에 따라 마음이 아픈 사람들에게 감동을 주고 위로하며 불안정한 심리 상태를 치료하여 회복게 하는 일이 절실합니다.

이를 해결할 방법은 여러 가지가 있겠으나 좋은 그림을 통하여 마음의 평화를 주고 위로와 위안과 행복감을 느끼게 하는 일도 매우 중요합니다.

위로, 치유, 사랑, 기쁨, 안정, 평화, 희망, 행복 등을 주는 작품을 통해 정서적으로 불안하고 아픈 마음을 치유할 수 있다면 얼마나 좋을까요?

저는 오랫동안 그림을 통해 마음의 평화를 찾고 트라우마를 해소하는 미술 치료를 우리나라에 보편화하고자 노력해 왔으며, 다양한 그림을 심리에 활용하여 사고를 당해 정신적 고통을 받고 있는 수많은 사람들의 마음을 위로하고 치유하는 데 열정을 다해 왔습니다. 최근에는 코로나19로 힘들어하는 우리 국민 등 트라우마 현장을 적극적으로 찾아 많은 사람들을 치유해 왔습니다.

이번 한국 작가 25인의 《자기 치유 그림 선물》을 집필하게 된 계기는 다음과 같습니다.

한·중·일 임상미술치료학회장을 맡으면서 3국의 문화, 사회, 미술과 미술 치료에 대해 많은 관심을 갖고 연구를 하였습니다.

중국 베이징 의과대학교 교환 교수를 지내면서 중국 사회와 트라우마를 연구하게 되었고, 중국 현대 작가들의 그림이 중국 사회의 트라우마와 깊이 관계되어 있음을 알았습니다.

그 후 2018년 중국 그림의 힘《중심》을 출간하게 되었습니다.

이번에는 한국 작가 25인의 작품이 들어 있는 에세이 형식의 치유 도서를 수년의 준비 과정을 거쳐 출간하게 되었습니다.

한국 작가의 작품이 우리 사회의 변화, 성장 과정 가운데서도 많은 국민들에게 사랑을 받고 있는 이유는 작품에 위로와 치유의 힘이 들어 있기 때문임을 알 수 있습니다.

오랫동안 제가 접했던 작품 중에서 미술 치료적 관점에서 치유와 관련된 작품을 선정하였습니다. 본문 내용은 작가 인터뷰, 도록, 작가 노트, 평론의 정보를 참고하였습니다.

한국의 미술 시장에서 고군분투하며 훌륭한 작품을 창조하는 작가님들께 경의를 표하며, 원고를 쓰고 작품을 선정하는 과정에서 한국 미술을 더욱더 사랑하게 되었습니다.

특별히, 이 책과 함께해 주신 김창열 작가님께 감사드립니다.

작고 전 마지막 책이라는 점에서 놀랍기도 하고 슬픕니다.

'밤에 있었던 일' 작품을 보면서 더욱 마음이 아려 옵니다.

김창열 작가님은 평생 물방울만 그려 오셨습니다. 이 물방울을 정신을 집중하여 바라보면 분노, 원망, 초조, 불안 등의 감정이 눈 녹듯 사라집니다. 물방울은 자신의 내면을 젖어들게 하고 깊숙이 묵었던 생각과 감정을 씻어 주는 힘을 지녔습니다. 자연의 물방울인 눈물방올도 편안한 휴식과 치유의 힘을 줍니다.

끝으로, 3년이 넘는 집필 기간 동안 격려해 주시고, 많은 사랑과 관심을 주신 박서보 작가님을 비롯한 25인의 작가분들께 진심으로 감사드립니다.

이 책이 나오기까지 물심양면 지원해 주신 '미문사' 김종욱 사장님께도 감사드립니다.

이 책이 마음이 아픈 여러분을 위로하고 평소의 잔잔하고 평화로운 일상으로 돌아갈 수 있도록 안내자의 역할을 할 수 있다면 더없는 보람으로 삼겠습니다.

이 책이 나를 치유하는 그림 선물이 되기를 바랍니다.

2021년 4월 봄날

김선현 올림

Contents

Part Three | Memory
그대가 그리워지는 날에는

Part Four | Hope
그래, 살자 살아보자

Part Five | Happiness
웃음 뿌리는 마음

List of artist

강요배 Kang Yobae

권두현 Kwon Doohyoun

김경민 kim gyoung min

김명식 Kim Myungsik

김보희 Kim Bohee

김승영 Kim Seung young

김연화 Kim Yeon Hwa

김종학 Kim Chong Hak

김창열 Kim Changyeol

김형희 Kim Hyoung Hee

박서보 PARK SEO-BO

송형노 Song Hyeongno

신철   SHIN Cheol

우상호 Woo Sangho

윤병락 Byung rock Yoon

이동기 Lee Dongi

이왈종 LEE WAL CHONG

전미선 Jeon Miseon

전용환 Jeon, Yong Hwan

정성준 JEONG SEONGJOON

정영주 Joung young ju

최울가 Choi WoolGa

하태임 Ha Taeim

허달재 Huh, Dal-Jae

홍순명 Hong, Soun

• 가나다 순으로 배열하였습니다.
• 작가별 영문 서명으로 쓰는 표기에 따랐습니다.

Part One | Healing

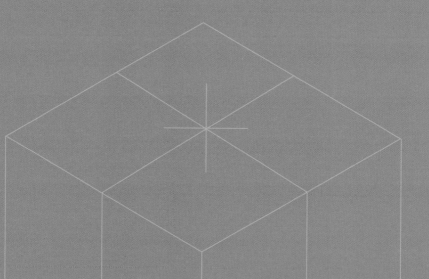

어	깨		한	번	
	빌	려			
	주	겠	어	요	?

해결되지 않는 문제에 마음을 너무 괴롭히지 말라.
다른 일에 몰두함으로써 걱정에서 멀어지면
틀림없이 무언가 달라지게 된다.

- 니체 -

치유의 물방울이
맺혀 있어요

김창열 • Kim Changyeol

:
:
:
:
:
:
:
:

김창열 작가는 실제인 듯한 착각을 불러일으키는 영롱한 물방울을

그린 작품으로 대중적인 인기와 세계적인 명성을 얻었습니다.

기자가 질문하였습니다.

"프랑스의 세계적인 조각가 아르망은 차를 구겨서 자기의 분노를

작품으로 표출한다고 합니다. 당신은 분노를 어떻게 표현하나요?"

평생 물방울만 그려 온 김창열 작가가 대답합니다.

"나는 화나는 것을 삭여 없애기 위해서 물방울을 그린답니다.

모든 희로애락을 물방울에 녹여서 없앱니다."

아롱질 듯 맺힌 물방울은 어느새 사라질 듯 보입니다.

청년기를 지나서 노년기에 접어드는 우리의 인생이 그려지기도 합니다.

현상 No.1, 캔버스에 유채, 152×152cm, 1971년

인생 희로애락의 모든 것을 부드럽게 포용하고 조용히 사라지는
물방울은 전쟁 등으로 인해 아픈 우리 사회의 과거를 대하는
작가의 화해와 치유의 방식이기도 합니다.
우리는 상처를 받고 홀로 창밖을 보며, 때론 혼자만의 장소로 가서
물소리를 틀어 놓고 울고 있는 시간을 경험하였을 것입니다.
작가는 치유의 에너지와 인생의 희로애락을 물방울로
녹여 냈습니다.
창밖을 타고 주르륵 내리는 물방울은 편안합니다.

············

밤에 일어난 일.
밤사이 많은 일들이 일어납니다. 그리고 밤은 우리에게 치유의
시간을 줍니다. 검은색의 화면에 맺힌 하나의 영롱한 물방울과
그림자는 우리들 마음의 상처를 씻어 줍니다.
수없이 번민하고 아파하고 힘들었던 시간들. 그 마음의 눈물이
어느 날 치유의 눈물방울로 맺힙니다.

김창열 작가가 가난한 시절이었습니다. 그는 캔버스 위에 뿌려 놓은
물이 밤사이에 방울져 아침 햇살에 반짝이는 것을 보았습니다.
그 순간 작가는 존재의 충만함을 보았고, 1972년 이 작품이
물방울 작품의 효시가 되었습니다.

우리의 수많은 고뇌와 아픔이 밤을 통해 치유되고
우리의 트라우마, 고민이 모두 씻은 듯 해결되어
이처럼 영롱한 아침의 물방울을 만나면 좋겠습니다.
작가의 물방울은 마치 유리 조각과 같이 탁 박혀 있는 느낌을 받을
때도 있습니다. 편안하지 않습니다. 물방울 하나하나가 아프고
소중한 작가의 마음이기 때문입니다.
이런 물방울이 모여서 창가를 타고 하염없이 흘러내릴 때 물방울은
눈물방울이 됩니다.
인생이 얼마나 힘들고 아팠는지를 엿볼 수 있습니다.
인생의 고비고비마다 쌓인 한을 삭이고 살았을 것입니다. 우리의
눈에는 영롱한 물방울로 보이지만 작가 마음의 아프고 날카로운
유리 조각을 물방울로 승화시켜서 우리에게 보여 준 것입니다.

밤에 일어난 일, 캔버스에 유채, 162×162cm, 1972년

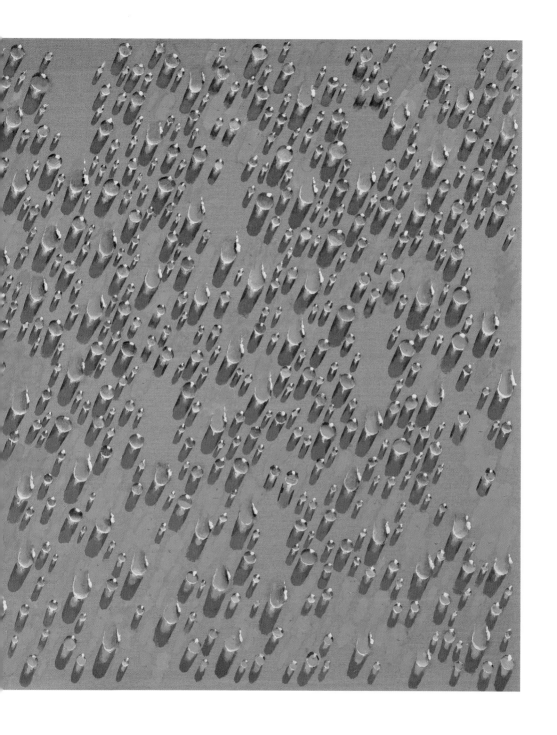

물방울, 캔버스에 유채 아크릴, photo by gallery hyundai, 195×330, 1998년

그래서 우리는 작은 물방울에 감동하게 되는 것입니다.

만약 이 그림의 물방울이 창문의 물줄기처럼 힘없이 편안하게

내렸다면 우리의 마음을 치유하지 못하고 오랫동안 마음에 남아

있지도 못했을 것입니다.

아픔이 한 방울 한 방울 고여 있어서 우리의 마음속에 더

내려앉았을 것입니다.

이 물방울은 자신의 내면을 젖어 들게 하고 깊숙이 묵었던 생각과

감정을 씻어 주는 치유의 힘을 지녔습니다. 자연의 물방울인

눈물방울은 편안한 휴식과 치유의 힘을 줍니다.

물방울은 투명합니다. 그래서 표면을 투사하고 있습니다.

바닥이 보입니다.

물방울은 보석과 같이 아름답습니다.

그런데 차이가 있다면 보석은 '영원한 아름다움'을

추구하고 물방울은 순식간에 아름답고 투명함을

남기고 사라진다는 것입니다.

...
회귀, 캔버스에 아크릭화, 오일, 195×260cm, 2004년

김창열 작가에게 물방울은 삶의 흔적을 보여 주는 분신이자 삶의
모든 것입니다. 아픈 상처와 기억들을 치유하는 물방울들이
열정, 그리움, 환희 등 삶을 오롯이 대변해 줍니다.

물방울을 그리는 것은 물방울 속에 모든 것을
녹여내고 투명하게 '무(無)'로 다시 되돌려 보내기 위한
행위입니다. 불안, 공포 등 모든 것을 내 마음에서
자연에서 돌려보내고 있는 듯합니다.

불은 모든 것을 태우지만 물방울은 시간도 세월도 그 자리는
그대로 두고 햇살을 받으면 아름답게 빛나다가 사라집니다.
이처럼 아름답고 영롱하게 빛나다가 그 뒤 아름답게 여운을
남기는 인생도 참으로 아름답습니다.

…

밤사이 많은 일들이 일어납니다. 그리고 밤은 우리에게

치유의 시간을 줍니다. 검은색의 화면에 맺힌 하나의 영롱한 물방울과

그림자는 우리들 마음의 상처를 씻어 줍니다.

수없이 번민하고 아파하고 힘들었던 시간들.

그 마음의 눈물이 어느 날 치유의 눈물 방울로 맺힙니다.

슬픈 동백꽃
지다

강요배 • Kang Yobae

. . . .

강요배 작가보다 4·3 사건을 그림으로 표현한 작품을 더 먼저
만났습니다.

그 후 4·3 생존자와 유족의 트라우마 치유 및 연구를 위해 제주를
찾았고 이때 강요배 작가를 만나게 되었습니다. 랑데부 현상이
일어나서인지 편안한 가운데 작가와 자연스럽게 치유에 대한
이야기를 나눌 수 있었습니다.

여러 일로 지쳐 있던 저에게 우공이산愚公移山이란 고사를 예로
들면서 "맡은 바 업무에 끊임없이 노력하고 있으니 반드시 이루어질
것입니다"라고 격려해 주시니 지쳐 가던 저는 힘이 샘솟았습니다.

치유란 무엇이며 어떻게 해야 할까요?

먼저 자신의 치유가 중요합니다. 자기 동기부터 시작된 치유는
진실되고 호소력이 있습니다. 어려운 일을 무릅쓰고 견뎌내면
강력한 힘이 되어 에너지로 나타나지만 그 일을 회피하면 치유 대신
두려움으로 남습니다.
힘겨움을 견디고 이겨 내면 눈물이 나면서 '여기까지 왔구나' 하고
자신감이 생기고 잠복된 힘이 몰려오면서 에너지가 샘솟게 됩니다.
자신이 일차 치유가 되면 다른 이들의 막히고 말 못한 한을
해원解冤해 줄 수 있습니다.

·············

강요배 작가는 1980년대의 민중 화가로, 1990년대 제주 항쟁
연작을 완성해 냈습니다.
제주에 있는 동안 강요배 작가의 전시를 기획했습니다.
그동안 멀게만 느껴졌던 금강산이 제 마음에 가까이 찾아왔습니다.
전시를 기획하는 동안 마음속에서 금강산과 백두산 관광을 하고
싶은 마음이 들기 시작했습니다.
여행비를 모으기 시작했고, 직장에서의 연차도 쓰지 않고 휴가
기간도 모았습니다.
그러나 코로나로 여행은 갈 수 없게 되어 전시로 아쉬운 마음을
달래며 금강산과 백두산을 상상하였습니다.

...

중향성, 캔버스에 아크릴, 197×333.3cm, 2019년

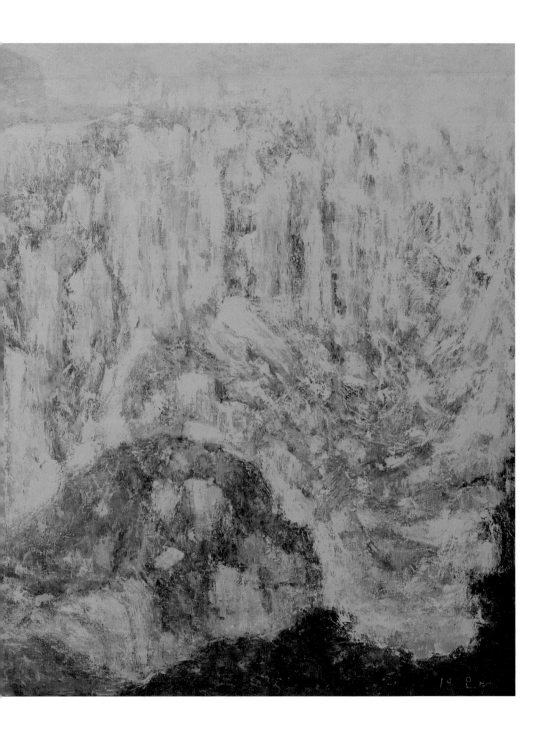

마침 방송에서 '사랑의 불시착'이라는 드라마를 통해 남한과 북한 연인의
사랑과 남한과 북한에서의 생활이 묘사되어 매우 흥미롭고 즐겁게
전시를 준비할 수 있었습니다.

·············

1998년 11월, 분단 반세기 만에 북한으로 관광을 가는 금강호가
출발했습니다.
금강호가 출발하기 전에 작가는 이미 금강산을 다녀왔습니다.
그 후 20여 년 만에 신작과 함께 전시를 하였습니다.
시간이 많이 흘러 기억이 흐려졌을 텐데 그림을 보면 전혀 그렇지
않고 오히려 그 자리에 서 있는 것처럼 생동감이 느껴졌습니다.
금강산 가운데 있는 '구룡폭포' 화폭 속 구룡폭은 높이가 최고 50m로
폭포 가운데 규모가 가장 크며 폭포의 웅장하고 강한 기운이 느껴집니다.
낙하하는 폭포는 구룡연으로 빨려들듯 힘차게 떨어지고 있습니다.
2019년 이후 남북 간의 기대는 가라앉았고, 지금은 얼어붙은 상태가
되었지만 머지않은 시기에 다시 금강산을 보고 느끼는 시기가 오기를
바라는 마음 간절합니다.

강요배 작가의 '동백꽃 지다'에는 가슴 미어지는 이야기가 있습니다.

...
구룡폭(九龍瀑)Ⅲ, 캔버스에 아크릴, 295×194cm, 2019년

화가의 이름이 '요배'라니 왜 이렇게 평범하지
않은 이름을 붙였을까요?
화려하게 만개한 붉은 동백꽃을
표현하지 않고 왜 진 모습을
표현했을까요?

한이 서린 슬픈 이야기는 1948년 봄,
제주도 주민 10%가 희생된 4·3사건과 관련이
있습니다. 이때는 김철희, 박순희 등 같은
이름을 가진 사람이 2명이 되어도 구분 없이
처형된 참담한 현실이었습니다.
참담함을 직접 겪은 강요배 작가의 아버지는
결심했습니다.

...
동백꽃 지다, 캔버스에 아크릴, 130.6×162.1cm, 1991년

33

"내 아이와 같은 이름은 앞으로 나오지 않도록 하겠다."

그래서 요나라 요堯, 북돋울 배培 즉 강요배姜堯培라고 지었습니다.

숨죽이며 살아남은 사람들은 봄날 흐드러지게 핀 유채꽃만 보아도

텃밭에서 굵은 고구마만 나와도 죽음을 당해 묻힌 사람들을

생각나서 마음이 덜컥 내려앉았다고 합니다.

이 그림은 슬픈 역사의 흔적을 고스란히 담고 있습니다.

매년 어김없이 붉은 동백꽃이 피고 지는 것은

고귀한 생명이 하나둘 스러져 간 그날의 기억을

절대 잊지 말라는 자연의 암시인 것 같습니다.

...

자기 동기부터 시작된 치유는

진실되고 호소력이 있습니다. 어려운 일을 무릅쓰고 견뎌내면

강력한 힘이 되어 에너지로 나타나지만

그 일을 회피하게 되면 두려움으로 남습니다.

힘겨움을 견디고 눈물이 나면서 '여기까지 왔구나' 하고 느낄 때

잠복된 힘이 몰려오면서 에너지가 나오게 됨을 알 수 있습니다.

높은 곳엔
선한 바람이 불어올 거예요

김연화 • Kim Yeon Hwa

．
．
．
．
．
．
．
．
．
．

저는 자작나무 숲을 좋아합니다.

하얀색의 나무줄기와 높게 뻗어 올라간 나무의 모양은 보는 이에게

마음뿐만 아니라 동시에 시각적으로 청량감을 전해 줍니다.

백두산을 오르다 보면 줄기가 하얀 아름드리 나무를 흔하게 볼 수

있는데 이 나무가 바로 자작나무입니다.

예전부터 자작나무는 촛불 대용으로 사용되었고, 연인들이

사랑의 글귀를 썼던 낭만적인 나무로도 불렸습니다.

자작나무는 한자를 화樺로 쓰는데 '영화로울' 화華로 쓰기도 합니다.

결혼식을 화촉華燭이라고 하는데 옛날에는 촛불이 없어서 자작나무

껍질에 불을 붙여 촛불 대용으로 사용하였다고 합니다.

팔만대장경이 썩지 않고 보존되는 이유는 자작나무를 일부

사용했기 때문이라고도 전해집니다.

...

자작나무 이야기(The sound of a forest 30M) "그 여자의 숲", 60.6×45.5cm, 혼합 재료, 2020년

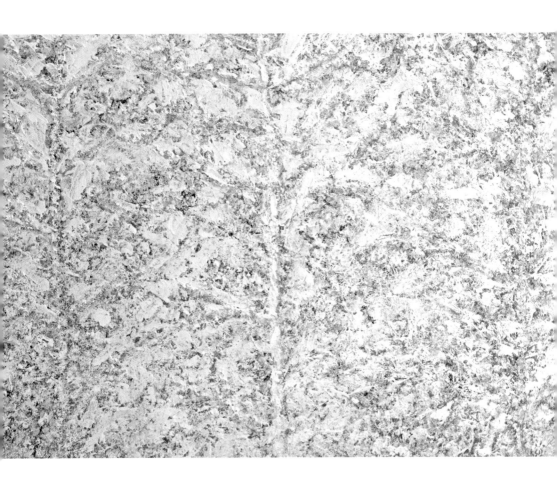

...
자작나무 이야기(The sound of a forest 50M), 72.7×116.8cm, 혼합 재료, 2020년

충치를 예방하는 데 효과가 탁월하다는 자일리톨껌이 있습니다.
자일리톨껌의 성분인 자일리톨은 자작나무의 수목에서 채취하지요.
차가버섯 역시 시베리아와 북아메리카, 북유럽 등 북위 45도 이상
지방의 자작나무에 기생하는 버섯으로 암 등 질병 치료에
효능이 뛰어나다고 알려져 있습니다. 이처럼 자작나무는
우리 인간에게 많은 도움을 주는 유익한 나무입니다.

....

몇 년 전 일본 나가노현에 갔었습니다.
자작나무 숲을 걸으며 생각하는 귀한 시간을 가졌습니다.
지인이 자작나무 가지를 손질한 것을 주면서 차로 끓여 마시면
항암에 도움이 되므로 건강에 좋다고 귀띔해 주었습니다.
제가 좋아하는 나무가 이렇게 많은 곳에서 귀한 용도로 사용된다고
하니 어느덧 자작나무를 좋아하게 되었습니다.

2년 전 사랑하는 딸을 교통사고로 잃은 부모와, 혼자 살아남은
오빠가 죄책감에 괴로워할 때 이들의 트라우마 치유를 맡은 적이
있습니다.

상처받은 마음을 치료받기 위해 한 번도 결석한 적도 지각한 적도
없는 이들 가족의 모습이 기억납니다.

매 시간마다 한없이 울고 또 울었던 가족들.

자작나무 숲은 그냥 걸어도 좋지만 키가 크고 하늘로 높게 뻗쳐
있어서 목이 빠져라 올려다본 하늘 옆에서도 잘 어울려 보입니다.

이 가족들이 그랬습니다. 목이 빠져라 하늘을 보며 울었습니다.

하늘로 간 딸과 동생이 보고 싶어서 말입니다.

긴 시간 치료 상담을 마치고 가족들은 여행을 떠났습니다.

저는 치료 회기를 종결하고,
홀로 자작나무 숲을 걸었습니다.
여행을 마치고 돌아왔을 때 건강하고
단단해진 가족들의 모습을 기대하며.
또 한편은 제 인생이 세상 사람들의 삶이 힘들고
아플 때 유용하게 쓰일 수 있게 해 달라고
기도하면서 걸었습니다.

...

자작나무 이야기(The sound of a forest 30M) "그 여자의 숲", 90.6×60.6cm, 혼합 재료, 2019년

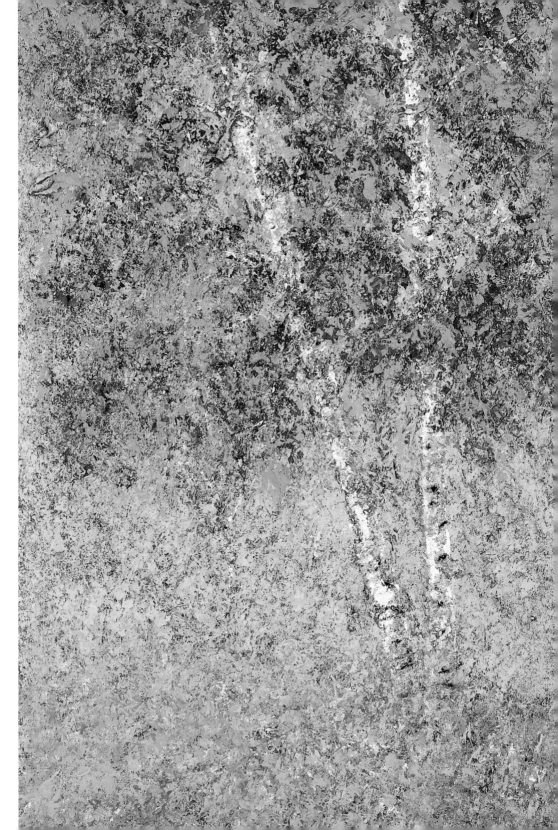

...

자작나무 숲은 그냥 걸어도 좋지만 키가 크고

하늘로 높게 뻗쳐 있어서 목이 빠져라 올려다본

하늘 옆에서도 잘 어울려 보입니다.

순환하고 변형되는 인생에
안전망이 필요하죠

전용환 • Jeon, Yong Hwan

상담과 치료를 하다 보면 특히 어린이, 노인, 사회적 소외자들이
너무나 안타깝게 느껴질 때가 있습니다. 치유가 필요하지만
시공간의 제약으로 제가 지원할 수 있는 한계 상황 때문에 때론
밤잠을 못 잘 만큼 마음이 아프거나 짓눌리는 경우가 있습니다.
'힘 있고 강한 사람들이 연약하고 힘없는 사람들과 우리 사회에
좋은 영향을 주면 얼마나 좋을까?'
이런 생각을 많이 합니다.
사과가 있습니다. 실해 보이는 빨간 사과는 열매, 결실을 대변합니다.
그러나 과일이라는 특성상 낙과되었을 때 상품의 가치는 떨어지고
맙니다.
이런 상황에 처했을 때 강한 보호막, 안전망이 있다면
얼마나 좋을까요?

작품에서 강한 망은 방향을 가리키며
규칙성 있게 움직입니다.
물성을 따르고 원형을 찾습니다.

이 작품은 생명의 근본을 형상화하여 아름다움을 조형화함으로써
생명이 얼마나 존귀하며 많은 아름다움이 내포되어 있는지를 말해
주고 있습니다.

...
공간-하나로부터(Space-from the one), 알루미늄/우레탄 페인트,
150×150×155cm, 85×80×158cm, 116×135×155cm, 2017년

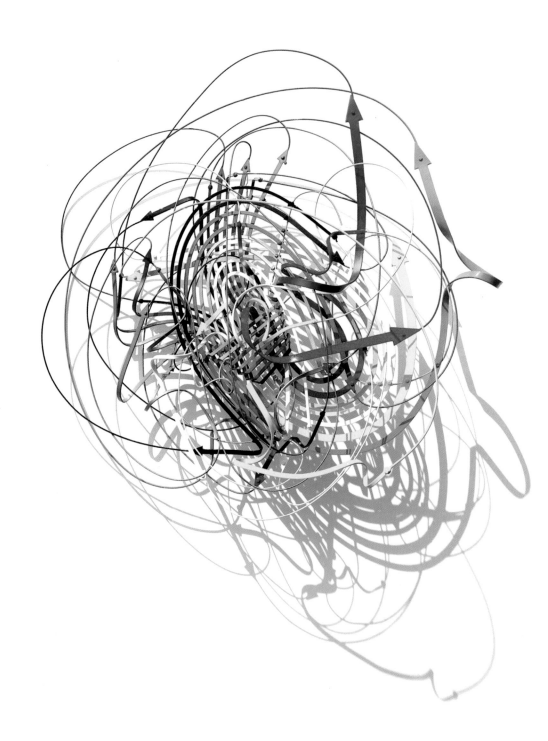

작품은 알루미늄 재료의 가볍고 부드러운 특성을 이용하였고
화려한 컬러를 쓰고 있습니다. 회화적인 조각은 선의 리듬과 좋은
에너지의 발산과 화려한 색상으로 운율을 느끼게 해줍니다.
작품에서 화살표는 시작과 끝이 계속 연결되어 끝이 없이 하나의
고리로 순환되어 이어지고 있으며 외형적으로는 다양한 형태로
표출되는 순환-변형의 개념을 느끼게 합니다.
공기의 순환, 계절의 순환 등 순환의 의미를 색채로 표현해 주고
있습니다.
보는 이들은 무겁지도 날카롭지도 않게 느껴지고, 선의 리듬과
좋은 에너지의 발산, 화려한 색상에 오히려 매료당하기도 합니다.

. . . .

우리는 이곳저곳 관심 있는 곳이 많이 있지만 망설이게 됩니다.
이때 강하지만 리듬감이 있는 이 작품에서처럼
우리의 여정표가 있어 안내해 준다면
우리는 얼마나 든든할까요?

. . .
순환 변형, 알루미늄/우레탄 페인트, 107×107×15cm, 2017년

47

···

공간-하나로부터(Space-from the one) 스테인리스스틸/우레탄 페인트, 34×34×41cm, 2016년

...
순환 변형, 알루미늄/우레탄 페인트, 110×110×78cm, 2007년

우리 사회에도 이런 보호막 같은 구조,
가족이 있으면 좋겠습니다.

띠에서 선으로, 선에서 띠로 흐르는 뫼비우스 형태는 물질과
에너지의 상호 변환을 나타내는 듯합니다.
강한 것이 아름답고 부드러울 수 있습니다.

...

사과가 있습니다. 실해 보이는 빨간 사과는 열매, 결실을 대변합니다.

그러나 과일이라는 특성상 낙과되었을 때 상품의 가치는 떨어지고 맙니다.

이런 상황에 처했을 때 강한 보호막, 안전망이 있다면 얼마나 좋을까요?

기억-사소한 기념비,
예술의 치유하는 힘

홍순명 • Hong, Soun

:
:
:
:
:
:
:

기억에 남는다는 것은 무엇일까요?

이런 것들은 정말 안 좋은 기억이니 잊으라고 하면 실제로

잊혀지게 되는 것일까요?

우리는 정말 의식적으로 마음만 먹으면 잊을 수 있을까요?

뇌는 몸이 전달해 주는 모든 정보를 다 간직하고 있지 않습니다.

우리는 몇 시간 동안 마주 앉아 같이 식사하고 대화했던

상대방이 무슨 옷을 입었었는지를 기억하지 못하는 경우가

많습니다. 그 이유는 뇌가 그날의 만남 중 옷은 기억할 만하지 않다고

판단해 버리기 때문입니다. 아마도 누적된 삶의 경험이

그 기준을 만들 것입니다.

그런데 살다 보면 가치관이 다른 사람들이 모여 서로의 의견이
충돌하는 경우가 많습니다.
뇌는 기억하라고 하는데 다른 목적이 있어서 간직해야 할 것을
지우려 하기 때문입니다.
거기서 한 발 더 나가 타인의 뇌가 하는 선택조차도 컨트롤하려는
경우도 있습니다.
그래서 작가가 작품에 붙인 제목이 '사소한 기념비'입니다.

…………

기념될 만한 것이 어찌 사소할까요? 하지만 적어도 이
사회에서 기억되어야 할 만한 것들이 사소히 사라지는
경우는 수없이 많아 참으로 안타깝습니다.
그래서 홍순명 작가가 무엇이 사소하고 무엇이 중요한가가
어떤 기준, 혹은 어떤 목적으로 정해지는가에 관심을 가지고
만든 작품이 바로 '사소한 기념비'입니다.

이때 사용된 오브제는 사건 현장의 목격자이자 현장의 기억을 담은
기념물이 되었습니다. 작가가 세월호 사건의 현장인 팽목항에서
수집한 사물을 투명 랩으로 감아 만든 '사소한 기념비'도 이러한
의미를 가지고 있습니다.

...

(좌) 사소한 기념비(Ordinary Monument)-1502, 캔버스에 유채, 210×285cm, 2015년
(중) 사소한 기념비(Ordinary Monument)-1501, 캔버스에 유채, 210×460cm, 2015년
(우) 사소한 기념비(Ordinary Monument)-1503, 캔버스에 유채, 210×167cm, 2015년

(아래의 조각) 사소한 기념비 (Ordinary Monument), 발견된 오브제, 랩(Found objects, Wrap),
다양한 크기(높이 약 10cm~50 cm), 2015~2017년

* 대구미술관 개인전 전경 (이인성 미술상 수상 기념전 – 장밋빛 인생), 2017년

세월호 사건은 사회적 시스템과 정의의 부재로 인해 죄 없는
304명의 목숨이 희생된 충격적인 사건이었습니다.
작가는 이 부조리한 상황에 직면한 개인으로서의 분노, 예술가로서
혹은 어른으로서의 사회적 책임감, 무엇이라도 해야 한다는 의지로
무작정 팽목항으로 달려갔습니다. 그곳에서 파도에 떠밀려온
잡다한 사물을 발견했습니다. 이 사물들은 보이지 않는 힘이
억압하고 있는 진실을 알고 있는 유일한 증인으로 보였습니다.

....

바다 깊숙이 침몰한 진실이 스스로 떠오르기를 바라는 심정으로
하나둘씩 모아 꼭꼭 싸맨 조각적 오브제들은
물속에서 공기 방울로 올라오는 희생자들의 마지막
호흡이자 투명하게 응집된 분노와 추모의 감정입니다.
희생자들을 기리는 '사소한 기념비'는
오브제들을 비닐 랩으로 여러 겹 감싸는 과정을
통해 탄생하였습니다.
오브제 래핑의 구체적 동기가 유발된 곳은 팽목항이었습니다.

...

팽목, 2014년 4월 25일 (Paengmok, April 25. 2014), 캔버스에 유채, 218×291cm, 2016년

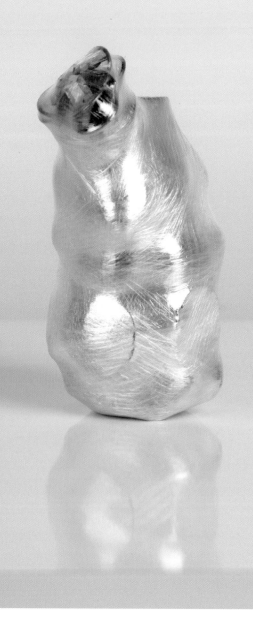

2014년 4월, 전 국민이 지켜보는 가운데 속수무책으로
바다 한가운데서 여객선이 침몰한 '세월호 사태'를 접한 작가는
무작정 무엇엔가 이끌려 진도의 팽목항으로 내려갈 수밖에
없었다고 합니다.

그곳에서 작가는 우연히 해변에 나뒹구는 이름 모를 작은 사물들을
발견하였습니다. 참사의 현장에서 떠밀려 왔을지도 모르는
사물들입니다. 작가는 그 사물을 채집하고 이것을 소중히 보관하기
위해 몇 개씩 비닐 랩으로 겹겹이 감쌌습니다. 전시장의 오브제는
조명을 받아 아름다운 보석처럼 빛났습니다.

마치 환생한 영혼들의 반짝임처럼 맑고 투명하게……

작품이 전시된 전시장 바닥에 마치 물이 차 있는 것처럼 보입니다.
래핑된 오브제는 살짝살짝 그 실체를 드러내기도 하지만, 구체적인
내용물을 전혀 알 수가 없습니다.

더구나 그 형태나 매체의 다양성은 더더욱 그 오브제의 실체를
모호하게 할 뿐만 아니라 비닐 랩이라는 투명한 재질로 감싸는 행위
역시 내용물을 알 수 없게 모호하게 만들고 있습니다.

이렇게 볼 때, 비닐 랩은 작가가 제시하는 다양한 관점의 여러 표면
사이를 감싸는 막일 수도 있습니다.

...
사소한 기념비 (Ordinary Monument), 발견된 오브제, 랩(Found objects, Wrap),
7×7×16cm, 2015년

세월호 사건 때 저 역시 팽목항 현장에 있었습니다.

팽목항에서 실종된 자녀를 기다리며 혹여 살아 돌아올 수 있을까
학수고대하며 기다리는 부모, 체육관에서 쪽잠을 자면서 밤 졸이던
순간들. 다들 숨 죽이며 밤을 지새웠던 기억이 생생합니다.

침묵하는 진실에 귀 기울이고 그림을 그리고, 때론 작품을 보면서
내면을 들여다보는 시간을 갖습니다.

많은 위로의 말보다 한 장의 그림이 우리의 마음을
위로할 때가 있습니다. 아픈 마음을 회복하고
나를 좀 더 사랑하는 데 필요한 시간.

희생자 가족, 유가족 형제자매, 중고등학교 교사들까지
모두 그림을 통한 치유의 시간을 가졌습니다.

트라우마를 극복하고 조금씩 아픔을 치유할 수 있었던 시간들에
함께할 수 있어서 감사했습니다.

…

바다 깊숙이 침몰한 진실이 스스로 떠오르기를 바라는 심정으로

하나둘씩 모아 꼭꼭 싸맨 조각적 오브제들은

물속에서 공기 방울로 올라오는 희생자들의 마지막 호흡이자

투명하게 응집된 분노와 추모의 감정입니다.

희생자들을 기리는 '사소한 기념비'는

오브제들을 비닐 랩으로 여러 겹 포장하는 과정을 통해 탄생하였습니다.

Part Two | Peace

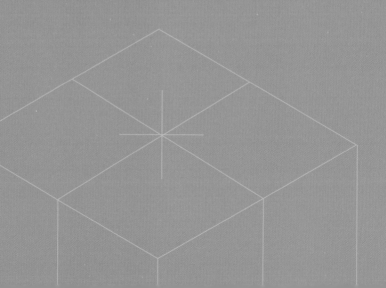

내		존	재	의		
	한	가	운	데	엔	
평	화	가		있	어	요

멀고도 가까운 나의 이웃에게

가깝고도 먼 내 안의 나에게

맑고 깊고 넓은 평화가 흘러

마침내 하나로 만나기를

간절히 기도하며 울겠습니다

- 이해인 〈평화로 가는 길은〉 중 -

수행하는 예술이
아름답습니다

박서보 • PARK SEO-BO

한국 현대 추상 미술의 역사, 단색화의 거장!

왜 박서보 작가의 작품이 끊임없이 우리의 사랑을 받고 있을까요?

보이는 색감 예쁜 단색화의 선들의 매력이 다는 아닐 것입니다.

그것은 바로 한국 고유의 정신성이 그림 속에 녹아 있기

때문입니다.

올곧아 보이는 직선과 화려하고 단아한 색들이

우리의 정신성을 그대로 표현해 주기 때문입니다.

...

묘법(描法) No. 070405, 캔버스에 한지, 혼합 매체, 130×162cm, 2007년

박서보 작가의 작품에서 직선은 어떤 의미가 있을까요?

이 직선은 대나무가 되기도 하고, 난초 잎이 되기도 합니다.

한국적이지만 모던Modern함을 느낄 수 있습니다.

작가는 한국적 추상주의, 단색화라는 거장의 명성을 전 세계에

심어 놓았습니다.

....

작가를 한국 근현대 미술사 그 자체라고 극찬하는 이유 중 하나는,

작가의 지치지 않는 열정, 끊임없는 변신의 시도가 만들어낸 내공의

결과이기 때문입니다.

그림은 비움의 철학, 수신의 도구, 수행하는 도구라고 합니다.

대표작 '묘법 시리즈'에서 수백, 수천 번 반복하는 행위는 수행이

되고 수행의 결과물은 작품이 되었습니다.

수없이 반복되는 비움과 채움의 수행 과정에서

작가는 내공의 아름다움이 생기고, 수행을 통해

작품은 치유의 힘을 가집니다.

자신을 비운 작가의 작품은 대중을 치유하는 능력이

있다고 합니다.

묘법(描法) No. 080507, 캔버스에 한지, 혼합 매체, 75×58.3cm, 2008년

묘법(描法) No. 080618, 캔버스에 한지, 혼합 매체, 195×130cm, 2008년

작가는 치유로서의 예술을 주장하여 왔습니다.
단색화에 담긴 삶 그 여정, 수많은 사건과 시간을
지내면서 혼돈에서 벗어나서 점점 통찰에 이르고,
갈수록 분명해지는 길이 보입니다.

그의 작품에서 선은 연필의 압, 즉 누르는 힘에 밀려나면서
생깁니다. 그 선을 조형적으로 이용하는 것이죠.
선을 하루 종일 한 100번 정도 긋는데 그 이유는 캔버스에
그린 것은 잘못되면 마른 다음에 덧칠하면 되지만 선은 굳으면
그것으로 끝이기 때문입니다.
작가는 온종일 무심하게 선을 긋게 되므로
결국 그림은 수신의 도구인 셈입니다.
즉 그림을 통해서 수신을 하는 겁니다.

...

묘법(描法) No.170522, 캔버스에 한지, 혼합 매체, 100×145cm, 2017년

박서보 작가에게 그림이라는 것은 자신이 수신하고 남은

찌꺼기라고 합니다.

스님이 목탁을 두드리면서 종일 염불하는 것과 같이

수없이 반복해서 선과 선 사이의 골짜기인 그 골을

다스리는 것입니다. 반복 구조를 만들어 낼 때

작가에게 품격이라는 게 제일 중요합니다.

그 품격이라는 건 정신의 세계가 그 품격을 유지할 만한

단계에 가지 않으면 안 되는 것입니다.

결국 그림이 수신의 도구라는 말은 그림 그리는 시간을 통해서

내 정신이나 인격을 만들어 낸다는 의미입니다.

. . . .

우리는 온화하고 평화롭고 행복한 삶을 갈구합니다.

하지만 우리의 일상은 바라는 만큼 그렇게 녹록하지 않습니다.

원하지 않지만 사람이 모여 사는 세상은 갈등과 시기, 질투가

가득합니다. 서로가 믿고 따를 수 없는 상황이 발생하고

불의의 사건과 사고가 끊임없이 일어납니다.

이렇듯 우리가 집 밖에만 나가면 온갖 혼란과 불안과

갈등의 세상으로 빠져들게 됩니다.

...
묘법(描法) No.170522(디테일 컷), 캔버스에 한지, 혼합 매체, 100×145cm, 2017년

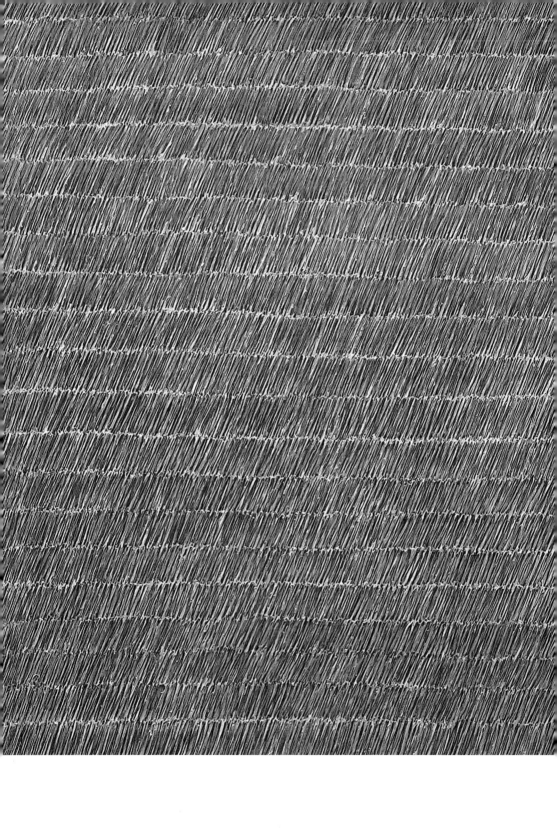

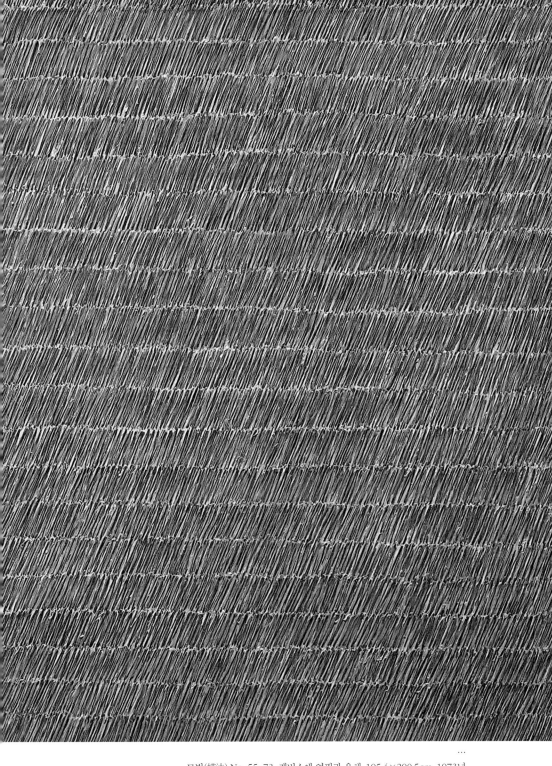

묘법(描法) No. 55-73, 캔버스에 연필과 유채, 195.4×290.5cm, 1973년

박서보 작가는

"예술가에게 가장 중요한 것은 시대를
꿰뚫어 보는 통찰력과 식을 줄 모르는 열성이며
스트레스 병동처럼 된 디지털 시대의 지구에서
예술은 편안함과 안정감을 주는 흡입지가 되어야
한다"고 말했습니다.
이 말 속에 박서보 작가의 작품을 감상하는 사람들이 작품에
어떤 의미로 다가가야 할지 암시해 줍니다.

············

아날로그 시대에 익숙해져 있는 사람들이 디지털 시대를 맞아
쉽게 적응하지 못하고 스트레스 병동처럼 불안한 상태를
맞이하기도 합니다.
이들에게도 마음의 안정을 통한 치유가 절실하겠지요.
마음이 어지럽고 힘들고 아프신가요?
박서보 작가의 작품을 감상하다 보면 혼란한 정신을 가다듬고
힘든 상황에서 벗어날 수 있으리라 확신합니다.

...

묘법(描法) No. 41-78, 마에 연필과 유채, 194.5×300cm, 1978년

...

단색화에 담긴 삶 그 여정, 수많은 사건과 시간을 지내면서 혼돈에서 벗어나서
점점 통찰에 이르고, 갈수록 분명해지는 길이 보입니다.
작가는 온종일 무심하게 선을 긋게 되므로 결국 그림은 수신의 도구인 셈입니다.
즉 그림을 통해서 수신을 하는 겁니다.

숲, 대지의 평화,
생명의 환희

김보희 • Kim Bohee

김보희 작가의 작품은 편안하게 볼 수 있고, 보는 즉시 이해와
공감이 가능한 '구상 미술'이어서 최근 들어 두각을 나타내고
있습니다.
작품의 소재가 되는 '일상'과 '자연'은 코로나 시대를 살아가는
현대인이 잃고 있던 것이지요. 그래서 그림을 통해 초록의 숲,
푸른 바다를 보는 것만으로도 위안과 치유를 얻을 수 있습니다.
거실 앞 테라스와 정원, 나무와 벌판, 바다 등의 일상과 자연은
누구나 공감하기에 충분하며 접촉이 막혔을 때 더욱 갈망하게 되는
대상입니다.

김보희 작가는 작업실이 있는 제주 풍광을 통해 여행과
이국적 정취가 그리운 사람들의 떠나고 싶은 열망을 자극했습니다.
섬세한 관찰력과 이를 표현하는 세필의 반복적인 붓놀림
흔적을 통해 눈의 즐거움을 느끼게 됩니다.

. . . .

다음은 낙원같이 즐거운 느낌이 드는 그림, 불안과 갈등이 없어지고
편안해지는 그림입니다.
루소의 정글, 숲, 대지의 평화, 휴식이 연상됩니다.
어릴 때 '이상한 나라 앨리스'를 읽으면서 환상을 꿈꾸었습니다.

제주에 있을 때 작가의 작업실을 가끔 방문했습니다.
작가의 제주 자택은 정원이 참 아름다웠습니다.
비파나무, 하귤 등 많은 꽃과 과실이 가득한 곳입니다.

...
Being Together, 캔버스에 채색, 130×162cm, 2019년

그림에서도 울창한 열대 우림, 키 큰 야자수, 풍성하게 매달린
바나나와 파파야, 기다란 용설란 등 다양한 초록색이 가득
펼쳐집니다.
초록색은 우리에게 평화로움을 선사합니다,
스트레스가 풀리고 마음이 차분해집니다.
여러 식물과 동물들이 평화롭게 공존하는 그림 속은
유토피아 자체입니다.
작품 앞에 서 있으면 앙리 루소의 정글을 보는 것 같습니다.

...

Towards, 캔버스에 채색, 200×600cm, 2011년

제주도 풍광이 이렇게 이국적으로 묘사될 수 있을까?
이 유토피아는 오히려 작가가 만들어낸 귀한
산물입니다. 현대인들은 아픔을 회복하기 위해
바다를 찾고, 숲을 걷습니다.
작가의 작품은 회복과 치유의 숲이고, 우리에게
스스로 해독할 수 있는 자가 치유의 능력을 갖게
해줍니다.
중독으로부터 벗어나는 길은 다른 쪽 분야에 마음을
빼앗길 만큼 집중하는 것입니다.
작가의 그림은 우리의 여러 중독으로부터
벗어나도록 마음을 빼앗기게 합니다.
현대의 지치고 외로운 삶으로부터 벗어나
자연이라는 세계로 들어갈 수 있도록
인도하고 나 자신을 자연 안에서
돌아보게 합니다.
나의 아니무스Animus가 무엇인지를 살펴보게 합니다.
마음이 다 느꼈으면 이제 현실로
멋지게 나오라고 이끌어 줍니다.

...

Towards, 캔버스에 채색, 150×300cm, 2011년

인공의 빛이나 세상사를 떠나 태초의 자연과 원시적인 생명력이

살아 숨쉬는 원형으로서의 자연으로 향한 곳.

화려한 새들, 초록 도마뱀, 세상의 시간이 멈춘 곳입니다.

현실의 공간에서 태고적 과거와 유토피아를 재생산하는 것이

아닐까요?

...

Untitled, 한지에 채색, 130×320cm, 2005년

현실에 힘들 때면 작품 속 바다와 숲과 자연이
나를 이상한 나라로 들어오게 만들었습니다.
그리고는 눈을 뜨면 안전하게
다시 현실에 서 있도록 만들어 준 작품들입니다.

. . .

현대의 지치고 외로운 삶으로부터 벗어나 자연이라는 세계로

들어갈 수 있도록 인도하고 나 자신을 자연 안에서 돌아보게 합니다.

마음이 다 느꼈으면 이제 현실로 멋지게 나오라고 이끌어 줍니다.

자연과의 공존 상생 환경을
이야기해요

정성준 • JEONG SEONG JOON

．
．
．
．
．
．
．
．
．
．
．

저희 부모님 시대에는 여성들의 로망 중 하나가 모피를 입는
것이었습니다.

모피는 추위를 막아 주는 것 외에도 부의 상징이기도 했습니다.
모임에 가면 자랑하듯 옷걸이에 모피 코트가 죽 걸려 있는 웃지
못할 광경도 있었습니다.

그런데 모피를 만드는 과정이 방송을 통해 알려지면서 많은
사람들이 모피에 대한 인식을 바꾸게 되었습니다.

환경에 관한 이야기를 하면 사람들은 환경 보호야말로 무엇보다
더 중요하다고 말합니다. 그러나 한편으로는 마음이 무거워짐을
부인할 수 없습니다.

언론에 보도되는 환경 파괴와 오염 장면, 인간에 의해 동물들이
무차별적으로 죽어 가는 모습을 보면 반성하는 마음과 함께
인간의 잔인함에 공포감, 죄책감마저 들기 때문입니다.

....

전 세계가 힘들어하는 코로나19 역시 기후 변화와 밀접한
연관이 있습니다.
이산화탄소 같은 온실가스 배출로 인한 지구 온난화로
기후가 변화하고 대기의 온도가 상승하여 감염병 발생뿐만 아니라
전파에 유리한 조건이 만들어져 코로나19와 같은 질병이
대유행하게 된 것입니다. 온실가스 저감 등 지구 환경 보호를
소홀히 할 경우 우리는 앞으로 코로나19보다 더 무섭고
치명적인 질병을 수없이 직면하게 될 것입니다.

…
An Inconvenient Truth, 캔버스에 유채, 100×180cm, 2018년

이 작품들을 보면 우리는 편안하게 환경에 대해 고민하게 됩니다.
그림 속 동물들은 사람들의 개발에 밀려 삶의 터전을 잃고
노시로 나왔습니다. 점령하고 있는 듯 거리를 확보하지만
오히려 행복해 보이기까지 합니다.
공간을 구성하고 있는 그 동물들과 인간들 사이에서
적대감은 전혀 찾아볼 수없습니다.
동물과 인간이 상생하고 공존하고 있습니다.

…………

이 작품들은 환경에 대한 경고의 메시지를 담고 있지만
하나같이 평화롭습니다. 자칫 무거울 수 있는 주제를 동물들의
능청스러움을 통해 즐겁게 보여 주고 있습니다.
전투적이지 않게 묘사하였고 우리로 하여금 미소 짓게 만들고
있습니다. 동물의 자연스러운 모습을 통해 인간과 자연이
공조하며 상생해야 한다는 교훈을 줍니다.
우회적인 방법이지만 우리의 마음이 움직이기 시작합니다.

...
Anyone can be happy, 캔버스에 유채, 112×162cm, 2020년

지구 온난화로 물속으로 잠기는 미국 자유의 여신상.

트램 위에 왕처럼 당당히 서 있는 순록.

아기 돼지와 당나귀를 태우고 달리는 드렘, 흰말괴 너구리가 타고

있는 열차, 고장 난 차를 수리하는 펭귄과 북극곰.

인간과 자연이 공존하기 때문에 우리는 죄의식을 느끼지 않고

편안하게 이 작품을 바라볼 수 있게 합니다.

주인공들과 그들이 직접 타는 이동 수단 외의 모든 것들은

회색의 무채색으로 만들어서 우리의 시선을 문명과 동물들에게

집중시키고 있습니다.

...

Damn it! Is this reality 146×260cm 캔버스에 유채 2018년

환경이란 무엇인가요?

결국 인간과 자연의 공존입니다.

각박하고 힘든 삶을 사는 현대인들에게 불편함을 주지 않으면서도

아름다운 이미지를 통해 관람자에게 감동과 위로를 느끼게 하고

환경을 아끼고 보호해야만 인간과 동물이 공존할 수 있다는

교훈적 메시지를 주고 있습니다.

....

무거운 주제이지만 유쾌하고 재미있게 이야기를

들려줄 수 있는 것이 그림이라는 예술이 보여 줄 수

있는 매력입니다.

동물들의 희망찬 여정이 비극으로 마무리되지 않도록

우리의 삶도 그들과 함께 공존, 상생으로 동참하여야

할 것입니다.

...
너는 나를 보며 울고 있지. 나는 너를 보며 웃는다, 캔버스에 유채, 107×160cm, 2019년

...

Friends have all things in common, 캔버스에 유채, 107×160cm, 2018년

···

환경에 관한 이야기를 하면

사람들은 환경 보호야말로 무엇보다 더 중요하다고 말합니다.

그러나 한편으로는 마음이 무거워짐을 부인할 수 없습니다.

수많은
차이를 넘어서

김승영 • Kim Seung young

．
．
．
．
．
．
．
．
．
．

국가와 언어의 차이에도 불구하고 예술인들은 작품을 통해
서로 간의 커뮤니케이션을 가능하게 합니다. 그래서 흔히 예술에는
국경이 없다고 합니다.

．．．．．．．．．．．

한국의 김승영 작가와 일본의 무라이 히로노리는 현대 미술의
연구기관 'PS. 1'이 실시하는 1년간의 미국 뉴욕 스튜디오 프로그램에
선발되어 같이 지내면서 친하게 지냈습니다. 프로그램을 마치고
둘은 작품을 같이 발표하기로 의기투합했습니다.

'Picnic on the Ocean'은 김승영과 무라이 히로노리가 기획한
프로젝트로 두 사람이 바다 위에서 만나는 퍼포먼스입니다.
우리나라와 일본은 지정학적으로 가까이 있으면서도
역사적·정치적으로 복잡한 문제가 있어서 결코 가까이할 수 없는
먼 나라입니다. 그런 이유로 국경에서 퍼포먼스 같은 것은
결코 할 수 없다고 다들 냉랭한 반응을 보였습니다.

....

2002년 7월 29일, 어려운 준비 과정에도 불구하고 이들은
각각 거제도와 쓰시마섬에서 출발하여 약속한 두 나라의
중간 지점인 대한해협 공해에서 '바다에서의 소풍' 퍼포먼스를
성공적으로 실현하였습니다. 두 사람은 각자의 쪽배를 타고
약속 지점(N34°48″ E129°10″)에 도착하여 일상적인 대화로 인사를
나누며 유리컵을 맞부딪치고 건배를 외쳤습니다. 그리고 배에
편안하게 드러누워 하늘을 보고 평화로운 휴식을 취하였습니다.

한국과 일본의 바다 한가운데를 표시하는 부표로
사용된 색색의 꽃배는 소풍을 나섰을 때
설렘을 더해 주는 들꽃의 상징이기도 합니다.
두 작가는 퍼포먼스를 준비하는 과정에서 개인과 개인, 혹은 국가와

...

바다 에서의 소풍(Picnic on the Ocean)_대한해협 공해에 띄워 놓은 꽃배, 대나무·다양한 꽃, 2002년

국가 간의 소통에서 오는 여러 다른 차이에서 도전을 받게 되었고,
그 과정에서 '만남'의 의미를 다시 생각하게 되었습니다.

．．．．．．．．．．．

서로 다른 문화적 배경과 언어를 가진 사람들이 만나 그들 공통의
역사를 만들었습니다. 그러는 과정을 통해 일어나는 크고 작은 문제들은
작은 배 위에서 가볍게 부딪친 유리잔의 "쨍" 하는 소리와 함께 화해와
신뢰와 우정의 문제로 전환하였습니다. 이러한 양국 예술인의 피크닉을
통해 우리에게 '만남'의 의미를 새삼 생각하게 합니다.
두 사람이 해상에서 만났을 때의 벅찬 감정을 무라이 작가는 이렇게
말합니다.
"여러 차이를 안고 있는 개인이 우애를 가지고 상대방에게 손을
내밉니다. 이것은 아무나 쉽게 이룰 수 있습니다. 이 퍼포먼스는
한일 교류나 우호 이상으로, 눈에 보이기는 힘들지만 모든 사람들의
일상에 있는 문제 제기였던 것입니다."
이에 대해 김승영 작가도 고개를 끄덕이며 말을 이어 갑니다.
"서로의 의견에 주의 깊게 귀를 기울이는 것,
인내심을 가지고 기다리는 것 이 두 가지가
퍼포먼스를 통해서 저희들이 배운 지혜입니다."
우리는 유난히 일본에 지는 것을 싫어합니다.

...
바다에서의 소풍(Picnic on the Ocean) 퍼포먼스, 대한해협 공해 N34°48″ E129°10″, 2002년

저 역시 한중일 임상미술협회 회장을 맞으며 잘 지내다가
어느 순간에는 일본에 대한 경쟁심을 느끼곤 합니다.
2015년 12월 28일 한일 간 위안부 피해 할머니 문제에 대한
졸속 합의가 이루어진 이후 양국 감정은 상당히 나빠졌습니다.
마침내 2019년 일본의 경제 보복 이후 일본과 한국의 관계는
극도에 이르고 말았지요. 한국은 일본 물품 불매 운동을 했고,
일본에서도 한국에 대한 감정이 정말 안 좋았습니다.
일본 상품 불매 운동 발표 당일 저는 일본 출장으로 공항에
있었는데, 그때 공항 분위기는 정말 싸늘했습니다.
한때 한일 관계는 정말 좋았습니다. 일본에서 욘사마 열풍과
한류 열풍으로 문화·예술을 비롯한 민간 교류는 활발히
이루어지고 있었습니다.
그런데 지금은 너무나 꽁꽁 얼어붙어 버렸습니다.
아주 사소하고 조그마한 계기가 국가 간의 냉전을 봄 눈 녹이듯

풀어 주는 것을 보았습니다. 1971년 일본의 나고야에서 열린
제31회 세계 탁구 선수권 대회를 계기로 미국 탁구팀과 기자단이
중국을 방문하여 양국 관계가 개선되기도 했지요.

....

지금 김승용 작가의 작품을 다시 보면서 예술은 국가 간
수많은 차이에도 불구하고 국경을 넘어 감정의 깊은 골을
씻어 주는 치유의 역할을 할 수 있을 거라는 생각이 들었습니다.
사회·정치·경제가 할 수 없는 일을 예술이 국경을
초월하여 사람들의 마음을 치유하는 것을 볼 때
인간에게 예술이야말로 정말로 위대한 분야임을
새삼 실감합니다.

...
바다에서의 소풍(Picnic on the Ocean) 설치 장면, 혼합 재료, 2002년

...

한국과 일본의 바다 한가운데를 표시하는 부표로 사용된

색색의 꽃배는 소풍을 나섰을 때 설렘을 더해 주는

들꽃의 상징이기도 합니다.

마음속에 피는
매화의 매력

허달재 • Huh, Dal-Jae

:
:
:
:
:
:
:
:
:
:

몸이 많이 아픈 적이 있었습니다.

의료의 힘과 하나님의 도우심이 함께 있어야 한다는 운명 같은

시간이 있었습니다. 1년 남짓한 시간이지만 일생에서 또렷하게

기록되어 있습니다.

내 몸이 내 몸이 아닌 것 같았던 시간이었습니다.

그 시기 은사님께서 보내 주신 매화가 피어 있는 연하장 한 장.

봄을 가장 먼저 알리는 강인한 매화 연하장을 골라 제자에게

보내신 은사님의 마음은 어떠하셨을까요.

젊은 제자가 거친 파도와 같은 세상을 살아가는
과정에서 숱한 어려움을 겪을 텐데,
이에 굴하지 말고 꿋꿋하게 이겨내라는
격려의 마음을 담아 매화 연화장을 보내신 것이겠지요.

....

매화, 난, 국화, 대나무를 이르는 '사군자'는 군자의 품성을
나타냅니다.
그중 매화는 추운 겨울을 거뜬히 견뎌내는 꽃이고, 향기가
고고하며, 고결하고 운치 있고 강한 꽃이어서 세상의 부침에
연연하지 않고 자기의 뜻을 곧게 지키는 선비에
비유되곤 했습니다. 그래서 많은 사람들의 사랑을 받았습니다.
이 작품들은 홍차 찻물을 들인 고풍스러운 화지 위에 그린 홍매,
백매의 모습입니다.

...
홍매, 화선지에 수묵 담채, 208×147cm, 2010년

...
포도, 화선지에 수묵 담채, 135×600cm, 2010년

설중매처럼 눈 속에 핀 매화가 있습니다.

요즘처럼 설중매를 기다렸던 날들이 있을까요?

이른 봄을 알리는 꽃 매화는 매서운 겨울 추위와
눈 속에도 결코 굴하지 않고 강하게 이겨냈습니다.
이런 매화와 같이 우리도 코로나19를 강인하게
이겨내고 마음의 봄을 맞을 준비를 하고 있습니다.

작가는 좋은 그림을 그리는 일은 좋은 삶을 사는 것과
같다고 주장합니다.

"정중동淨中動, 고중신古中新, 성외성聲外聲이 잘 어울려졌을 때
좋은 그림이 된다"고 합니다.

작가의 그림은 작은 매화들이 하나씩 곱게 피고,
배경의 색상이 너무나 곱게 매화를 받쳐 줍니다.
그의 그림을 마주하면 그윽하고 조용하고 단아해,
마치 여성이 창작한 작품처럼 느껴집니다.
예스럽고 우아한 한국 정신이 곱게 발현된 것 같습니다.

매화나무는 일생 동안 춥게 살아도 향기를
팔지 않습니다.

정중동靜中動이라는 말이 있습니다.

고요한 가운데 움직임이 있다는 말입니다.

조용한 움직임이 사람의 마음을 움직이고, 이 매화처럼

고요하고 작지만 그 향이 온 산을 은은하게 물들이게 됩니다.

거친 힘만이 필요한 것이 아닙니다.

고요하고 잔잔한 매화나무가 눈이 녹기 전 이른 봄을 알리며

현대를 살아가는 우리들에게 감동을 줍니다.

············

우리의 인생도 때가 되어 매화가 피기 시작하면

꽃의 아름다움과 향으로 결국 이끌리게 될 수밖에 없을 것입니다.

매화꽃은 그 자체로서 발휘하는 아름다움이 있지만,

그것보다 더 귀한 것은 힘들고 어려운

여건 가운데서도 고고하게 꽃과 향으로

빛나 아름다운 삶을 이룬다는 것입니다.

···

백매, 화선지에 수묵 담채, 208×144cm, 2010년

115

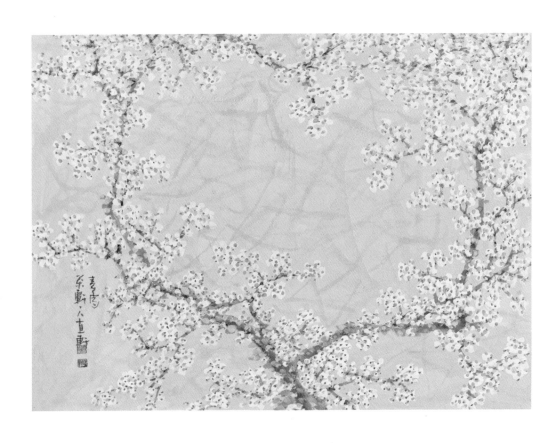

…
백매, 화선지에 수묵 담채, 46×61cm, 2020년

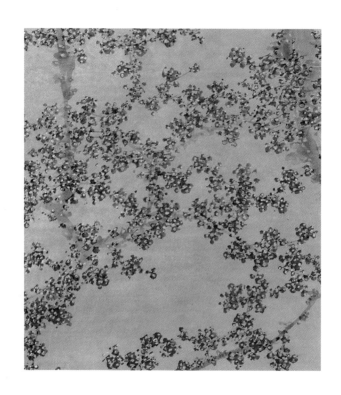

...

이른 봄을 알리는 꽃 매화는 매서운 겨울 추위와

눈 속에도 결코 굴하지 않고 강하게 이겨냈습니다.

이런 매화와 같이 우리도 코로나19를 강인하게 이겨내고

마음의 봄을 맞을 준비를 하고 있습니다.

Part Three | Memory

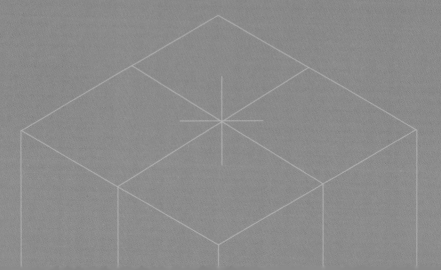

그	대	가			
	그	리	워	지	는
			날	에	는

내가 님 찾아 떠났을 때 님은 나를 찾아왔네

바라거니, 언제일까 다음날 밤 꿈에는

같이 떠나 오가는 길에서 만나기를…

- 황진이 '상사몽' -

누구에게나 꿈에도 잊을 수 없는 마음의 고향이 있어요

정영주 • Joung young ju

. . . .

우리에게는 누구나 추억을 꺼내고 싶을 때가 있습니다.

그곳은 좋은 추억의 장소일 수도 있지만 때론 마음 아픈 추억의

장소일 수도 있습니다. 그러나 이 추억을 꺼낼 시기는 대체로 시간이

꽤 지나서 마음의 정리가 되어 있는 시기인 경우가 많습니다.

내가 살았던 지리적 고향도 있지만 마음의 고향 역시

인생에서 큰 의미가 있습니다.

한국 사회에서 달동네는 시간적으로 공간적으로 아련한 사연이

있습니다.

힘겨운 시간을 함께 보내고, 밤마다 뜨는 달을 바라보면서

하루의 고단함과 삶의 고단함을 이기고 내일을 꿈꾸었습니다.

달동네는 보릿고개로 상징되는 과거 한국 사회의 가난을 반영하는
동시에 산업화 시대의 그늘을 보여 줍니다. 많은 사람들은
일자리를 찾아 농촌을 떠나 도시로 몰려들었고 그렇게 형성된 것이
달동네였습니다. 이때는 우리 모두가 허리를 동여매고 불철주야
일밖에 모르던 시절이었습니다.
그나마 달동네의 작은 공간은 생활의 여백을 잃어버린
사람들에게 지친 몸을 추스르는 안식처이자 내일의
꿈을 펴는 기지 같은 곳이었습니다.
저녁불이 꺼지고 이른 새벽부터 한집 두집 불이
켜집니다.

아침 일찍 눈을 떴을 때 얇은 겹의 눈이 덮인 지붕을 바라보면
삶에 대한 애틋함과 시린 마음의 감정이 교차되는데 이 광경이
우리의 서정을 자극합니다.
이른 저녁 붉은 노을빛이 골목골목 스며들면 빛의 아름다움에
마음이 편안해지기도 하고, 노을빛에 홀린 듯 황홀해지기도
합니다.

...
도시-사라지는 풍경, 캔버스에 종이, 아크릴릭, 112×162cm, 2016년

달동네의 정경을 자세히 들여다보니 이상한 점이 하나 있네요.
까마득히 펼쳐진 가정 어디를 보아도 사람 한 명 보이지 않습니다.
그럼에도 그림에는 조용하기니 한적한 느낌이 들지 않고 왁자한
느낌이 드는 것은 왜일까요?
그것은 수많은 집들에서 능히 일어날 만한 일상의 풍경들과
정겨운 가족의 얼굴 그리고 사연이 떠오르기 때문입니다.

············

저렇게 어둠이 밀려드는 저녁 무렵에는 온종일 마을에서 뛰어놀던
꼬마 녀석들이 보일 리 없지요. 왜냐하면 이 시간은 흑백 TV 앞에
옹기종기 모여 마징가제트, 플란더스의 개 등 만화 영화를 보며
시시덕거리던 시간이기 때문입니다. 엄마들이 한창 저녁밥을
준비하던 때이기도 했습니다. 할아버지, 할머니, 아빠, 엄마, 삼촌,
고모, 형, 누나, 동생 등 대가족이 모여 살던 정겨운 모습이 남아
있습니다.

...
사라지는 고향 819, 캔버스에 종이, 아크릴릭, 150×150, 2019년   124

까마득한 날의 기억이지만 눈으로 보고 가슴으로 느끼며
추억이 생각나서 보는 이의 수만큼
저마다의 사연을 쏟아내게 합니다.
반딧불처럼 반짝이는 불빛은 삭막하고 각박한
현대인의 일상과 달리 삶에
큰 위로와 희망을 주는 판타지였습니다.

…………

이 작품을 보고 있으면 한지가 빛을 흡수하듯이
힘들고 지칠 때 돌아가면 받아주는 마음속 고향 같은
따뜻함과 고요한 안정감을 느끼게 합니다.
뿐만 아니라 회기 본능을 가진 우리들에게 진정으로
소중한 것은 무엇인지를 한 번쯤 생각하게 합니다.

...
사라지는 고향 819, 캔버스에 종이, 아크릴릭,
150×150cm, 2019년

...

반딧불처럼 반짝이는 불빛은 삭막하고

각박한 현대인의 일상과 달리 삶에

큰 위로와 희망을 주는 판타지였습니다.

추억과 향수를 불러일으키는
고향 같은 사과

윤병락 • Byung rock Yoon

. . . .

사과!

성경에 인류의 조상 아담과 이브의 이야기가 나옵니다.

뱀의 꾐으로 이브는 선악과를 먼저 먹었고, 아담에게 선악과를

먹게 하고 같이 죄를 짓게 하였습니다. 결국, 아담은 그 열매를

먹었고, 인류의 원죄를 짓게 되었습니다. 이 열매가 사과였는지는

알 수 없지만 많은 사람들이 사과를 연상할 만큼 사과는 우리

인류에게 익숙한 과일입니다.

떨어지는 사과를 보고 뉴턴은 만유인력의 법칙을 발견했고, 목동

파리스의 황금 사과는 트로이 전쟁을 유발시켰으며, 동화 속

백설공주의 독사과는 공주를 혼절 상태로 만들었습니다.

유명한 애플사의 로고는 한입 먹은 사과 모양입니다.

이처럼 인간의 역사에서 사과는 자주 등장하는 소재입니다.

...
녹색 위의 붉은 사과, 캔버스에 유채, 218.5×216cm, 2017년

사과 작품은 그 자체가 오브제화되어 캔버스를 넘어 굴러떨어질
것만 같이 프레임 밖 외부 공간까지 확장시키며 실제 사과보다
더욱 싱그러워 보입니다.

이 사과는 추억과 향수를 불러일으키는
고향과 같은 존재입니다. 사과를 통해 즐겁고
행복한 마음을 느낄 수 있습니다.

한중일 3국 미술 치료에 있어서도 사과는 가장 사랑받는
과일입니다.

사과는 오감을 자극하기 때문에 치료 프로그램 사용 시
반응이 대단합니다.

사과에 대한 추억 소환도 다양합니다.

중국에 있는 동안 크리스마스 무렵 중국 친구들과
한국 지인으로부터 크리스마스 선물로 예쁘게 포장된 사과를
선물 받았습니다.

중국에서 크리스마스와 사과는 무슨 관계가 있을까요?

중국에서는 크리스마스 때 흔히 사과를 선물하는데 사과의

'핑구어píngguǒ'라는 발음과 크리스마스 이브를 뜻하는

'핑안이예Ping An Ye(平安夜)'라는 발음이 비슷해서 사과를 통해서 평안을

기원한다는 의미에서 유래했다고 합니다.

중국에는 사과에 대한 재미있는 속설이 있습니다.

....

중국 여학생 기숙사에서, 크리스마스 이브 밤 12시에

사과 껍질을 길게 깎으면서 거울을 보는 전통이 이어져

내려오는데 이는 자신의 미래의 남편을 볼 수 있다는 설레는

마음에서 시작되었습니다. 이러한 풍속에서 이제는 사과껍질을

길게 깎아 먹으면서 한 해를 보내는 것이 일반적인

가족 행사가 되었습니다.

특별히 산타 선물을 준비하지 않아도 되니 부모님들은

경제적으로 좋겠다는 생각이 들었습니다.

...

국립지오그래픽 북극곰, 한지에 유채, 120×151cm, 2019년

…
가을 향기, 캔버스에 유채, 225×226cm, 2017년

윤병락 작가의 윤기 나는 붉은 사과는 감정을 자극해서
우울감이 사라지고 기분이 좋아지게 만드는 마법이 있습니다.
저를 포함해서 많은 사람들이 작품을 좋아하는 또 다른 이유는,
'마당을 나온 암탉' 애니메이션의 양계장을 탈출한
암탉 '잎싹'처럼 내 머리만 한 실한 사과들이
사과 상자와 캔버스를 벗어난 자유로움 때문일
것입니다.
사과 상자 이미지는 유난히 우리 기억에 남아 있습니다.
나무로 되어서 사과가 빼곡하게 들어차 있는 모습입니다.

그런데 작가의 사과는 상자에서 벗어나 우리가 어디에 있든
싱싱하고 맛있는 사과를 제공할 것 같은 포만감과 즐거움이
있습니다.

...
가을 향기-공존, 한지에 유채, 109.5×211.5cm, 2017(연도 확인)

. . .

사과는 추억과 향수를 불러일으키는

고향과 같은 존재입니다. 사과를 통해 즐겁고

행복한 마음을 느낄 수 있습니다.

순수의 시절 –
당신도 가끔 내 생각을 하시나요?

신철 • SHIN Cheol

．
．
．
．
．
．
．
．
．
．
．
．

한 소녀의 모습이 보입니다. 단정한 단발머리는 우리의 마음속에

있는 누이나 여성을 상징합니다.

이 여성이 정적인 듯 보이지만 전혀 그렇지 않습니다.

바탕의 색상이 주황색입니다. 이것은 밝고 사교적임을 상징합니다.

멋쟁이 여성이지요. 푸른빛 원피스에 꽃반지를 끼고

꽃을 한아름 들고 있습니다.

뒷배경에 차를 비롯해서 나무 등 많은 소품을 보여 줍니다.

미술 치료에서 그림 주변 배경의 다양한 이야깃거리는 정서적인

풍요를 뜻합니다.

...
기억 풀이_행복해요. 캔버스에 아크릴. 65.2×53.0cm. 2016년

그러나 결코 산만해 보이지 않습니다. 오히려 단단해 보이는
여성입니다.

이 그림을 보고 있노라면 노스텔지어 그리움이 느껴집니다.

....

청소년이나 청년으로 표현된 남녀가 보입니다.

여자는 이미 고백을 기다리고 있는데, 쑥스러운 남자는

아직까지 고백을 하지 못하고 있습니다.

첫사랑이 그립고 설렘이 그립고, 아련하게 떠오르는

그 시절 우리의 청춘이 생각납니다.

작가는 그림을 그리지만 언젠가는 그림에게 다시 배우게 된다고
합니다.

외부에서 찾지 않고 내가 가지고 있는 자체에서
행복을 느낀다고 합니다.
세상이 고스란히 와 주고, 그림과 소통하고
호흡하고 있습니다.

이 그림들은 우리에게 이렇게 사람과 사람, 시절과 시절,

인연과 인연을 연결해 줍니다.

그래서 많은 사람들이 소장하고픈 첫사랑 같은 그림이라고

합니다.

첫사랑은 이루어지지 않는다는 속설이 있습니다.

그 말이 맞는지 안 맞는지는 개개인에 따라 다 다르겠지요.

하지만 많은 사람들은 새로운 사랑을 찾아 안정된 가정을

꾸린 다음에도 아쉽고, 애틋하고, 미련이 가득한 지나가 버린

'첫사랑'을 못 잊어 애가 탑니다.

...
기억 풀이_고백. 캔버스에 아크릴. 116.7×91.0cm. 2014년

그림 속의 연인도 봄바람에 희미해져 간 꽃향기처럼
마음에 들었던 사랑에게 속뜻을 전하지 못하고
냉가슴 앓듯 하다가 기어이 떠나보내고 말았습니다.

．．．．．．．．．．．．

해마다 연꽃 향기 가득히 꽃이 필 무렵이 되면
첫사랑과 거닐던 꽃밭 속의 추억이 아련히 떠오릅니다.
아픈 곳은 없는지, 행복하게 사는지 안부가 궁금합니다.
하지만 가버린 사랑과 세월을 어찌할 수 없어
하릴없이 지난날을 그리워합니다.

...
기억 풀이_안부. 캔버스에 아크릴. 70.0×140.0cm. 2017년

...
기억 풀이_행복. 캔버스에 아크릴. 218.2×291.0cm. 2010년

…

작가는 그림을 그리지만 언젠가는 그림에게

다시 배우게 된다고 합니다.

외부에서 찾지 않고 내가 가지고 있는 자체에서

행복을 느낀다고 합니다.

세상이 고스란히 와 주고, 그림과 소통하고

호흡하고 있습니다.

굿모닝 ~
행복 바이러스!

김경민 • Kim gyoung min

:
:
:
:
:
:
:
:
:
:

가족의 행복한 모습

몸과 마음이 건강한 사람들은 어떤 사람들이고,

건강한 가족은 어떤 모습일까요?

교수가 되고 일상은 더 바빠졌습니다. 당시 아이들이 어려서 양육과

가사일, 직장일을 병행한다는 것이 너무나 버거웠습니다. 일상은

숨이 막힐 정도로 돌아가고 있었습니다. 병원이 일터인 저의 하루는

시간과의 싸움이었고, 하루하루의 생활이 마치 전쟁터와 같았습니다.

시간이 지났습니다. 이제는 훌쩍 커버린 아이들을 보면서 저도

그 시기의 소소한 일상들이 생각납니다.

김경민 작가는 가족과의 일상생활에서 느꼈던 감정을 조각품으로

…

집으로, steel, Acrylic on Bronze, 80×15×30cm, 2011년

만들어 자신의 내면을 표현하고 있습니다.

가까운 가족에 대한 상처와 고통으로 쉽게 마음을 열지 못하는

우리들에게 작품을 통해서 가족의 따뜻함과 치유를 전달해 주고자 합니다.

김경민 작가의 작품을 보고 있노라면, 바쁜 일과로 정신없이 놓치고

지나갔던 그 시간을 찍어놓은 듯 예전의 일이 생생하게 떠오릅니다.

············

하루하루 가족에게 힘들었던 그 순간들에 마법을 걸어서 멋진 상황으로

변환해서 보여 주는 것 같습니다. 입체 작품이라서 그런지 속도감까지

느껴집니다. 모델들은 시원시원하게 길이를 자랑합니다.

가족의 웃음소리와 소소한 행복이 느껴집니다.

가정의 평화를 위해서는 구성원 모두가 서로 이해하고

존경하며 화목한 마음을 갖는 등 균형을 이뤄야 함을

알 수 있습니다.

코로나19가 장기화됨에 따라 웃지 못할 일들이 많이 발생하고 있습니다.

코로나 초기에는 외부 활동이 줄면서 가족들과 오붓한 시간도 보내고

그동안 소홀히 했던 가족들 구성원에게 관심을 갖게 되고, 가족의

소중함을 느꼈다는 사람들이 많이 있습니다. 그러나 코로나가

장기화되면서 오히려 가족 간의 갈등이 생긴다는 상담을

많이 받게 되었습니다.

...
해변의 가족(beach family), acrylic on bronze, 90×20×57cm, 2014년

퇴근 후 가족과 함께 보내는 시간에 익숙하지 않은
우리의 가족 문화. 평소 직장 일로 바빴던 가장들은
가족과 함께 있는 긴 시간이 어색하기까지 합니다.
코로나를 이겨내는 힘겨운 시간은 우리가 가족과 함께 잘 지내는
방법을 학습하는 시간인지도 모르겠습니다.
서로의 공간을 느끼고, 바람이 불어오는 걸 느끼고
건강한 가족 구성원의 행복을 느낍니다. 이들 가족들은
불만 등의 감정의 군더더기가 전혀 없어 보입니다.
이 그림을 보면 우울하고 불안한 우리 사회에서 잠시나마 치유
공간 속으로 들어가는 기분을 느끼게 됩니다. 우리 마음속에 행복
바이러스가 듬뿍 뿌려지는 감정이 샘솟는 작품입니다.

....

'친한 사이'는 부부가 사이좋게 목욕을 하는 모습을 그렸습니다.
남편이 발가벗은 아내의 등을 밀어 주는 모습을 해학적으로
표현하여 저절로 웃음이 나오지요. 온전히 등을 맡긴 아내와
힘껏 때를 밀고 있는 남편이 행복에 겨워 웃음을
참지 못하고 있습니다.
부부가 맞닿음을 통해 친밀감을 형성하는 광경을 보면 저절로
행복의 엔돌핀이 나오지 않는가요?

···
친한 사이, Acrylic on Bronze, 23×55×44cm, 2011년

...

가정의 평화를 위해서는 구성원 모두가 서로 이해하고

존경하며 화목한 마음을 갖는 등 균형을 이뤄야 함을

알 수 있습니다.

의식, 무의식
두 개의 얼굴이 있어요

최울가 • Choi WoolGa

프로이트는 정신 분석 이론에서 의식, 전의식, 무의식으로 의식
수준을 분리하였습니다.

의식은 현재 느끼거나 알고 있는 경험과 감각으로 이에 관한
관심에서 벗어나면 이 부분들은 전의식의 한 부분이 되어 더 이상
의식되지 않습니다. 프로이트는 일부분만이 의식의 범위 안에
있다고 했습니다.

전의식은 의식 속에 자료가 저장되어 있는 영역으로 현재는
의식되지 않지만 주의를 집중하면 쉽게 의식될 수 있습니다.
전의식은 이용 가능한 의식으로 의식과 무의식의 교량 역할을
합니다.

조금만 집중하면 의식으로 가져올 수 있습니다.

무의식은 마음을 구성하는 사고, 감정, 본능이나 욕구 등의 자료가

저장되어 있는 영역입니다. 프로이트는 무의식 속의 대부분의

자료가 의식되지 못한 채 인간의 행동을 결정한다고 보았습니다.

....

인간의 삶, 그 속의 사건들, 그 안에서 행하는

모든 행동에는 언제나 두 개의 얼굴이 함께 합니다.

인간은 의식적으로든 무의식적으로든

삶의 어두운 면을 감추기 때문입니다.

저는 이 작품을 보면서 어릴 때 꿈과 현실이 섞여서 마구 즐거웠던

몽환적인 판타지아가 떠올라서 추억을 소환할 수 있었고, 의식과

무의식을 경험하는 자유로운 시간 여행을 하였습니다.

그러나 또 한편으로는 우리의 거짓 언어가 얼마나 많은 사람들을

죽이는지도 느껴졌습니다. 병 안의 새처럼 사람을 가두어 두고

신체적인 학대나 가해는 하지 않더라도 말 속의 갖은 독으로 새를

죽게 만듭니다.

...
#Black Series[Brooklyn Red-001] 캔버스에 유채, 152.4×121.92cm, 2019년

우리들 역시 이런 타인에 대한 맹목적인 비난 앞에 가차 없이
무너집니다.

SNS를 통해 남을 비난한 말을 책임지지 않고, 근거 없는 거짓말을
퍼뜨려 수많은 젊은 연예인들을 죽음으로 몰아넣기도 합니다.

"아니면 그만"이라는 악의적인 언어 폭력은 무서운 죄라는 사실을
심각하게 받아들여야 합니다.

우리가 미처 의식하지 못하는 일들이 결국은 말을 통해 전달되어
무서운 무기가 되어 몸과 마음을 자극하게 합니다.

············

최울가 작가의 작품은 현실에 두 발이 닿은 상상과 추억이
일상을 숨 쉬게 합니다.

이렇게 숨통을 트지 않는다면 우리 삶은 너무 퍽퍽할 수밖에
없습니다.

비극을 희극으로 변하게 하는 그림들을 보면서,
바로 이 지점에서 작품과 관람자 사이에는
마법 같은 감정의 교차가 일어나고 기분을 좋게 하며
에너지를 줍니다. 우리 마음의 긴장감을
무장 해제 시켜 주는 열쇠가 되어 줍니다.

···

Black Series[Brooklyn-005] 121, 캔버스에 유채, 152.4×92cm, 2019년

159

160

깊은 공감과 마음의 울림이 전달됩니다.

강렬하고 비현실적이고 경의로운 상상을 주는
그림들은 우리의 마음의 스트레스를 풀어 주고
우리의 굳은 마음의 빗장을 풀어 줍니다.
이솝 우화에 나오는 '나그네 옷 벗기기' 시합에서
강한 바람보다 따뜻한 햇살이 내기에서 이긴 것처럼 말입니다.

...
White Series [Brooklyn-004], Oil on canvas, 152.4×121.92cm, 2019년

...

White sculture [K-Unicorn-005], Oil and mixmedia on FRP, 78×108×27cm, 2019년

...

비극을 희극으로 변하게 하는 그림들을 보면서,

바로 이 지점에서 작품과 관람자 사이에는

마법 같은 감정의 교차가 일어나고 기분을 좋게 하며 에너지를 줍니다.

Part Four | Hope

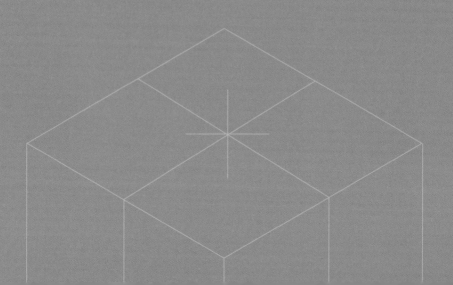

그	래	,			
	살	자			
		살	아	보	자

희망은 길과 같은 것입니다.
길은 처음부터 있었던 것은 아니지만
사람이 다니면서 결국 생겨난 것입니다.

- 루쉰「고향」중 -

소통과 조화 속에
건강하고 희망찬 내일로 나아가기를

우상호 • Woo Sangho

시간적 차이와 공간적 거리를 뛰어넘어 한 사람의 지식과 경험을
다른 사람들에게 전하여 익히게 하는 데 효과적인 방법은
무엇일까요?
동서고금을 통하여 소통의 대표적 매체는 바로 책(册)이었습니다.
책이 있기에 옛 사람의 정신과 문화가 후세에 제대로 전해졌습니다.
오랜 시간이 응축되어 있는 책은 우리 인간 역사의 증거이며 과거와
현재 그리고 미래를 잇는 소통의 창구입니다.
책을 통하여 타인의 지식과 경험 그리고 지혜를 받아들여 자신만의
것으로 만들 수 있습니다. 책을 통하여 생각의 깊이를 깊게 하고
범위를 넓혀 정신적인 성장을 이룩할 수 있습니다.

점점 심화되는 경쟁 시대에 책은 자기 성취의 수단으로 삼을 수
있습니다. 미래 성공의 훌륭한 지침이 될 수 있습니다.

············

예나 지금이나 독서의 중요성이 강조되고 있으며 책을 읽는 방법도
정독, 숙독, 속독, 다독 등 여러 가지가 있었습니다.

'남아수독오거서男兒須讀五車書'라는 말이 있습니다. 남자(사람)는
모름지기 다섯 수레나 되는 많은 수량의 책을 읽어야 한다는
뜻입니다.

'문사철文史哲 600'이라는 말도 있습니다. 문학책 300권,
역사책 200권, 철학책 100권 등 많은 책을 읽어서
세상 사는 이치를 깨우쳐야 한다는 뜻입니다.

이처럼 우리는 책을 통해 저자의 경험과 사상과 지식을 짧은 시간
안에 자기 것으로 만들어 성장할 수 있습니다.

좋은 책은 거실에 보관하여 오래도록 읽을 수 있도록 장서로
삼습니다. 책을 많이 보관하고 있는 사람들을 부러움과 존경의
마음으로 바라보기도 합니다.

...

주요 3색의 외침(the crying of three primary colors), 패널에 아크릴, 74,8×176,8cm, 2019년

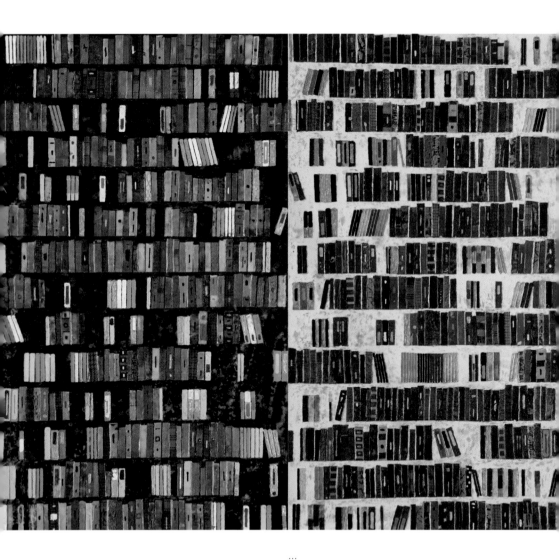

…
흑과 백의 외침(black and white crying), 패널에 혼합 재료, 87×107cm, 2016년

우상호 작가에게 책은 '독서'라는 본래 의미에서 벗어나 비유의
의미로 쓰이고 있습니다. 즉 책은 이 세상을 살아가는
구성원 개개인을 상징하고 책장은 우리가 속해
살아가는 사회를 의미합니다.
그림에 표현된 책들은 각기 다른 개성을 표출하며
어떤 책은 바르게 서 있고 어떤 책은 서로 기대어 서 있습니다.
마치 세상 속의 우리의 모습처럼.

배경의 흑과 백, 홍과 청, 금과 은 등의 색상은 대립과 갈등의
각양각색의 우리 사회를 나타냅니다. 이렇게 이질적인
둘 혹은 셋의 화면이 하나로 어우러져 조화를 이루듯,
우리 사회도 서로를 위하고 다양함 속의 통일을 이루어
건강해지기를 바라는 작가가 기도로서 하는 표현입니다.

이 그림은 서로 다른 여러 사회가 다양한 사람들의
소통과 조화 속에 건강하고 희망찬 내일로 나아가기를 바라는
작가의 이상을 표현하고 있습니다.
우상호 작가의 작품은 동양의 전통 미술 기법인 칠화 기법을
활용하였고, 재료는 아크릴 물감으로 주사기를 이용하여
그린 뒤 수십 번의 도포와 연마를 반복하여 완성합니다.

...
홍과 청의 외침(the crying of red and blue), 패널에 아크릴, 87×107cm, 2018년

...

책은 이 세상을 살아가는 구성원 개개인을 상징하고

책장은 우리가 속해 살아가는 사회를 의미합니다.

인생의 꽃 피는 시기는
사람마다 달라요

김종학 • Kim Chong Hak

．
．
．
．
．
．
．
．
．
．
．
．

저는 꽃을 유난히 좋아합니다.

나이가 들어도 우리 집에 꽃이 항상 꽂혀 있으면 좋겠다고

어릴 때부터 말하곤 했습니다.

긴 시간은 아니지만 잠깐의 외갓집 시골 생활이 큰 기억으로

남습니다.

지금도 힘들 때면 자연을 찾게 하는 회기 본능을 갖게 된 것은

그때 어린아이에게 큰마음의 울림이 있었기 때문인 것 같습니다.

175

당시 보았던 오디나무, 감나무꽃, 달개비꽃, 패랭이꽃 등이
지금도 기억에 남는 것을 보면 신기할 정도입니다.
꽃을 보고 있노라면 꽃 본래의 화려함의 물성을 충분히 느낄 수
있습니다. 전체가 어울려 한 다발이나 꽃밭을 이루지만
자세히 보면 꽃 한 송이 한 송이마다 각자 화려함을 뽐내고
있습니다.
꽃은 구구절절한 내용을 명료하고 함축적으로 표현해 주고
있습니다.
사랑의 붉은 장미, 장례식장의 하얀 국화, 어버이날 카네이션 등

…………

우리는 인생에서 큰 성공을 거두었을 때
"꽃을 피웠다"라고 말합니다. 그런데 그 꽃이
너무 일찍 피지도 않았으면 좋겠고, 피기도 전에
그냥 지지도 않았으면 좋겠습니다.

…

Untitled, 캔버스에 아크릴, 410×300cm, 2005년

예로부터 늦게 핀 꽃이 크고 화려하고 오래 간다고 했습니다.

서정주 시인은 한 송이 국화꽃을 피우기 위한 인내와 인생의

성숙도를 이야기했습니다.

난이 꽃을 피우려면 가뭄을 견디는 정도의 극도로

힘든 시기를 지내야 합니다.

꽃이 피려면 온도, 햇살, 바람의 양이

적절하게 필요합니다.

우리의 인생도 그러합니다.

화원에서 배달이 오면 가끔 이런 말씀을 하시는 분들이 계십니다.

"이 화초는 야외에서 키운 걸 옮겨 심어 왔기 때문에

더 잘 자랄 것입니다."

...

Untitled, 캔버스에 아크릴, 130.3×162.2cm, 2017년

작가의 작품에서 봄, 여름, 가을, 겨울을 봅니다.

봄이 되어 얼었다 녹은 물이 흐르고, 여름에는 화려한 색깔의

꽃을 피우고, 가을이 지나 겨울이 되면 꽃이 지고

잎의 색깔과 주변이 모두 푸석해 보입니다.

그러나 땅에는 씨앗이 떨어져 있고, 땅 밑의 뿌리는 겨울을

지낼 준비를 하면서 얼지 않도록 흙에 감싸여 있습니다.

꽃이 죽고 시들었다고 절대 끝나는 것이 아닙니다.

힘든 시기 우리의 아픔을 위로하는 꽃이

꼭 피어 주기를.

그리고 우리가 위로하는 그 꽃이 되기를.

...

Untitled, 캔버스에 아크릴, 245×150cm, 2018년

…

Winter, 캔버스에 유채, 200×780cm, 2020년

...

꽃이 피려면 온도, 햇살, 바람의 양이

적절하게 필요합니다.

우리의 인생도 그렇습니다.

도전하는 용기가
아름다워요

이동기 • Lee Dongi

:
:
:
:
:
:
:
:
:
:
:
:
:

우리는 유년 시절 TV에 빠져들었습니다. 흑백에서 컬러로

넘어오는 시기가 있었지만 TV 만화 시청은 열광적이었습니다.

어릴 때 보았던 만화 주인공들은 어른이 되어도 기억에 남습니다.

아톰, 마징가Z, 미키마우스, 캔디, 톰과 제리...

모두가 즐거움을 주는 캐릭터였습니다. 만화 영화가 방영되는

시간은 참 즐겁고 행복했던 시간들이었습니다.

이 만화 주인공들이 팝아트라는 장르로 다가왔을 때

처음에는 '무슨 포스터일까' 궁금하면서도 호기심이 생기고

흥미로웠습니다.

...
아이 박스(I-Box), 캔버스에 아크릴, 150×170 cm, 2009-2010년

'아토마우스'는 한국을 대표하는 팝아티스트, 이동기 작가의 대표
캐릭터 이름입니다. 작가는 일본 애니메이션 캐릭터인 '아톰'과 미국
디즈니의 '미키마우스'를 결합시켜 '아토마우스(Atomaus)'라는 새로운
캐릭터를 탄생시켰습니다. 경쾌하면서도 진지한 문화적 합성의
시도였습니다.

············

작가가 대중적이고 친근한 캐릭터의 외형적 이미지를 가지고
복제한 아토마우스를 세심히 살펴보시기 바랍니다.
아토마우스는 현시대를 살아가는 사람들의
심리적 불안감과 정서적 공허감을
새로운 시선으로 응시하고 있는 듯 보입니다.
작가는 일상의 힘겨움을 만화의 형식으로 재현함으로써 실재로
존재함과 허구, 무거움과 가벼움을 충돌시키는 기교를 만들어 냈습니다.
작가는 본인의 성장 시기에 보았던 강렬한 만화의 캐릭터를 팝아트로
창조했습니다.
이번에는 국수를 먹는 아토마우스를 살펴보세요. 이 그림은 한국인의
DNA를 잘 표현한 그림이라고 하는데 왜 그럴까요?
외국에서는 우리나라의 기술력이 세계적으로 우수하다고
극찬을 합니다. 그 이유로 젓가락을 사용하는 문화를
예로 들고 있습니다.

젓가락 사용이 익숙해진 우리 민족은 손재주가 뛰어나며
그것은 바로 기술력으로 이어졌습니다.
전 세계에서 가장 먼저 금속활자를 만들어서 책을 찍고 인쇄술을
발달시킬 수 있었지요. 또한 국제기능올림픽에서 9연패를
달성하는 등 한민족의 우수성을 증명해 왔습니다.
국수를 자유자재로 다루는 기술, 많은 양의 국수가
자유롭게 움직이는 모습은 작가의 역량을
잘 표현한 것입니다. 우리 국민이 세계적으로
뛰어난 민족임을 한눈에 보여 주는 장면입니다.

이동기 작가는 어릴 때 TV 속 만화 주인공 그림을 친구들에게
그려 주었는데, 이 작가의 그림을 받기 위해 줄을 설 정도였다고
회상했습니다.
'강화'라는 심리학 용어가 있습니다. 본인이 잘하는 일에
칭찬이 쌓이고 인정받게 되면 그 분야가 발달된다는 것입니다.

이동기 작가가 아토마우스를 만들었던 90년대 초반 J-pop이라는
용어가 생기기 전이었고, 무라카미 다카시도 전혀 다른 작품을 하고
있었고, 요시토모 나라도 본격적인 활동을 하기 전이었습니다.
우리에게도 이런 멋진 팝아트 원조 작가가 있다는 것 또한
자랑할 만한 것 아닌가요?
다음은 상상력이 튀어나올 것 같은 그림입니다.

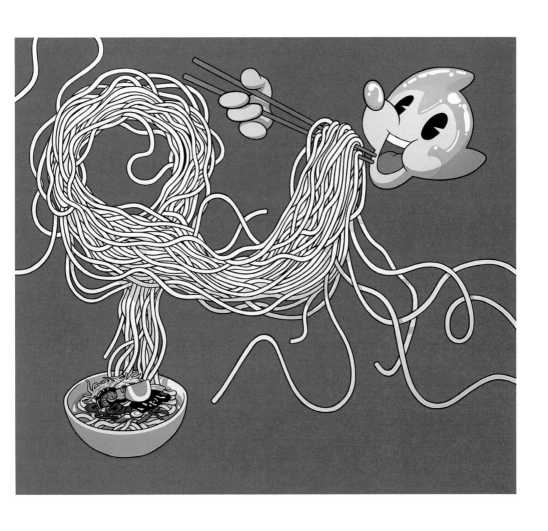

...
국수를 먹는 아토마우스(Atomaus Eating Noodles), 캔버스에 아크릴, 180×200cm, 2020년

···

핑크 팬더(Pink Panther), 캔버스에 아크릴, 200×222cm, 2015년

다양한 색상, 화면 가득 채운 여러 형태는 우리의 호기심을 자극하고
상상과 꿈을 가지도록 만듭니다.
꿈을 잃어버린 우리 아이들에게
이런 그림을 보여 준다면 얼마나 신나 할까요?

처음 시작한다는 것. 그것은 매우 어렵고 힘든 과정입니다.
남들로부터 공감을 이끌어내거나 이해를 구하기도 힘들기 마련입니다.
오래전 우리나라 어린이들의 장래 희망 1위가 연예인과
운동선수라고 해서 놀란 적이 있었습니다. 그 후 안정적 직장인으로
살아갈 수 있는 공무원이 되는 게 1순위 꿈이라고 해서
또 한번 놀랐습니다. 그런데 최근 조사에서는 건물주가 1순위 꿈이라는
사실에 더 깜짝 놀랐습니다.

．．．．．．．．．．．．

우리는 작품 속에서 도전하는 청년의 모습을 보고 싶습니다.
멀티적인 인간, 한번에 이 많은 양을 먹을 수 있다는 자신감,
연주하는 작품의 장면에서 무언가에 심취되어 있는 열정을 볼 수 있습니다.
도전하라고 말하고 싶습니다.
항상 새로운 분야의 시작은 어려운 거라고.
그러나 일생에 이런 도전이 한 번도 없었다면
인생에 대해 뭐라 말할 수 있겠습니까?

모던걸은 1930년대 경성에서 단발머리와 양장 차림을 하고

거리를 활보한 신여성을 일컫는 말이었습니다. 이들은 패션과

스타일이 독특했고, 타인의 시선을 크게 의식하지 않았습니다.

서구인의 외양을 모방하면서 마치 자신의 정체성을 채워나가는 듯

행동하는 모던걸에 대해 비판도 많이 하였습니다.

그림에 나타난 사물은 동양인의 모습과 서양의

패션·시계·가방 등이며 모두 같은 유행을 따르려는

여성의 긴 행렬이 보입니다.

새로운 유행과 흐름에 과감하게 도전하는 사람이 있는가 하면,

꼼꼼히 따지고 기다리는 사람도 있습니다.

우리는 현실을 인정하고 수용하는 시기도 사람마다

다르다는 것을 이 그림을 보면서 생각해 보게 됩니다.

...
모던걸(Modern Girl), 캔버스에 아크릴, 200×160cm, 2016년

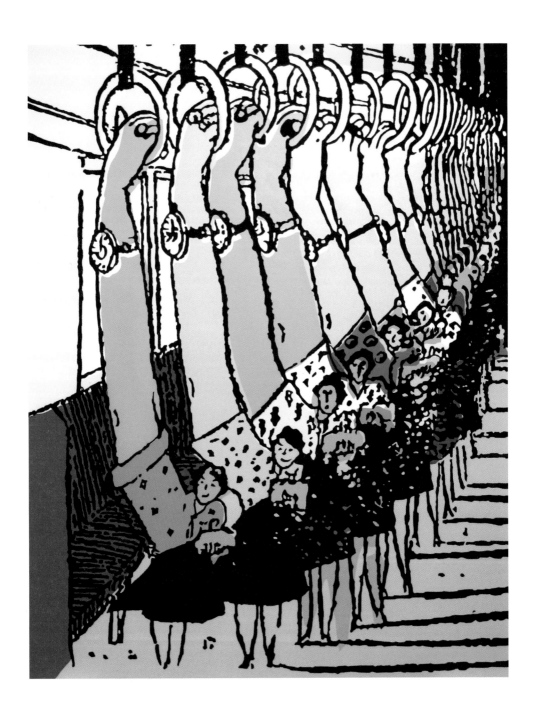

193

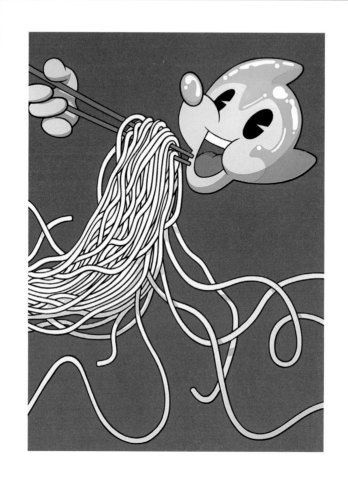

···

꿈을 잃어버린 우리 아이들에게

이런 그림을 보여 준다면 얼마나 신나 할까요?

나의 발은 멈췄지만
또 다른 춤을 춥니다

김형희 • Kim Hyoung Hee

．
．
．
．
．
．
．
．

나는 발레리나를 꿈꾸는 촉망받는 무용과 학생인데

어느 날 갑자기 교통사고를 당해 전신마비 장애인이 된다면

어떤 느낌이 들까요?

이런 일은 상상조차 하기 싫을 것이며 숨이 막히는 답답함을

느낄 것입니다. 사고를 당한 20대 초반의 그녀는 기적적으로

살아났지만 척수 장애인이 되었습니다.

두 다리로 걸을 수조차 없었던 그녀는 손에 기구를 사용해서

그림을 그리기 시작했습니다.

"하나님은 한쪽 문을 닫으시면 다른 한쪽 문을 열어 놓으신다"는

이야기가 있습니다.

...

토슈즈, 캔버스에 유채, 45.9×37.9cm, 1994년

김형희 작가에게 그림은 단순한 재활 운동 수단도 마음을
다스리는 수양 도구도 아니었습니다. 미술은 몸과 마음을
치유하는 모든 것이었습니다.
멕시코의 프리다 칼로도 교통사고로 장애인이 되었습니다.
그녀 역시 그림을 그리며 몸과 마음을 치유했고, 훗날 미술을 통해
트라우마를 치유한 위대한 여성 화가의 아이콘이 되었습니다.

············

김형희 작가의 그림은 꿈꾸는 여인이었습니다.
교통사고로 장애인이 되어 현실에서 실현할 수 없었던
발레리나를 그림 속 세상에서 재현시켰습니다.
그림 속 여인은 발레복을 입고 하늘을 훨훨 날아다니며
자유롭게 유영하고 있었습니다.

…
Dancing10, 캔버스에 아크릴릭, 60.6×90.9cm, 2015년

직업인으로서의 발레리나 꿈을 이루지 못한 한을 멋진 그림으로
실현했습니다.

그림들에는 여인의 몸동작 하나하나가 자세히 표현되어 있습니다.

이 여인의 동작을 보면 힘이 있고, 자연스러우면서도 연속성이
있습니다.

무대 위에서 끊임없이 홀로 춤을 추는 것 같습니다.

얼굴 표정은 알 수 없지만 울기도 하고, 웃고 있는지도 모릅니다.

인생의 희로애락을 표현하고 있습니다.

············

두 번째로 그림들이 의미하는 것은 이대로 인생에서 주저앉는 게
아니라 다시 극복하고 일어나는 삶의 강한 열정을 표현했습니다.

이제 김형희 작가는 본인의 아픔을 치유하는 단계를 넘어,

본인처럼 절망적인 상황을 겪은 장애인들을 위한 화가 선생님으로,

마음을 치료하는 미술치료사의 사명을 가지고 살고 있습니다.

많은 이들에게 그림은 나의 트라우마를 극복하는
힘이고 치유의 과정이었다고 희망을 주고 있습니다.

...
행복, 종이에 먹, 채색, 40.9×53.0cm, 2010년

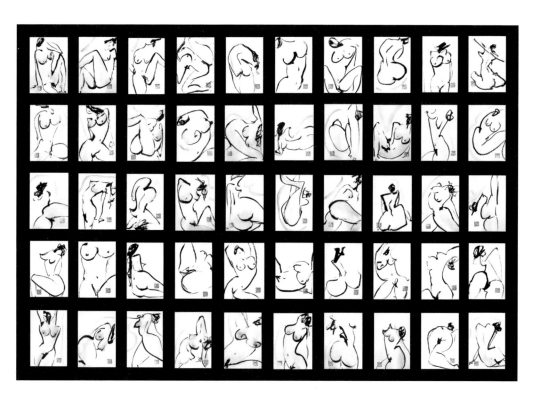

...
오색 빛깔 선의 움직임, 종이에 먹, 채색, 16.8×80.3cm, 2016년

...

많은 이들에게 그림은 나의 트라우마를

극복하는 힘이고 치유의 과정이었다고

희망을 주고 있습니다.

with LOVE

송형노 • Song Hyeongno

. . . .

긴 시간 전 세계 모든 사람들이 고난의 시기를 맞이하고 있습니다.
전례 없던 팬데믹의 한 해를 보내면서 건강을 유지하게 해 달라고
간절하게 기도하면서도 한편으로는 죽음의 공포에 떨고 있습니다.
사람들은 이제 가족과 이웃의 소중함을 새삼스럽게 느끼고
있습니다.

'애착 인형'이라는 것이 있습니다. 저는 이 애착 인형을
아주 인상 깊게 바라보던 곳이 있습니다.
세계적으로 유명한 미국 텍사스주의 엠디앤더슨 암센터였습니다.
이 병원은 아이들이 입원하면 아이들 키와 비슷한 인형 중 하나를
선택하게 합니다.

그리고 수술 전까지 아이들은 이 인형과 함께 병원 생활을 합니다.
아이들은 병원 생활에서 이 애착 인형을 마치 살아 있는 자신들의
가족이나 친구로 생각합니다. 이 인형은 입원한 아이와
부모에게 사랑의 끈이 되어 줍니다.

....

이 작품들은 우리에게 잊어버린 가족 사랑, 동심, 꿈을 찾게
해줍니다.
이 동물들은 가족의 구성원 중 누군가와 닮아 있습니다.
미술치료에서 동물 가족화를 통해 심리 상태를 진단하는
방법이 있습니다.
동물과 가족 구성원을 연상하는 방법은 외모, 성격, 태어난 해,
띠 등과 특별한 사연이 있을 수 있습니다.

그림에서 보이는 담벼락은
나의 소중한 무엇인가를 지키려는
내 공간 방어 표시이기도 합니다.

Dream(giraffe&Rabbit), 유채, 아크릴릭, 89.5×130.5cm, 2017년

Dream(goose & rabbit), 유채, 아크릴릭, 97×194cm, 2012년

…

Olivia in the clouds, 유채, 아크릴릭, 53×45.5cm, 2018년

한편 어린 시절 담벼락은 우리가 궁금해하던

저 높은 곳을 보기 위해 발꿈치를 들고 기대며 보았던

희망이기도 합니다.

우리가 마음껏 낙서하고 달아났던

담벼락이기도 합니다.

현재는 거위의 꿈처럼 미래를 보기 위해

올라설 수 있는 튼튼한 발판이 되기도 합니다.

그림에 등장하는 동물들은 그 특성을

나 자신의 상황이나 성격에 의인화한

아바타적인 캐릭터입니다.

순해 보이는 외모와는 달리 질주 본능이 강한 말,

날 수 없지만 비상하는 꿈을 꿈꾸며 날갯짓을 하는 거위,

험준하고 높은 서식지로 오르려는 본능의 고집 센 돼지.

인생을 살아가야 할 자세에 대한 결심이나 의지를

보여 주는 것 같습니다.

...
TheRace, 유채, 아크릴릭, 130×388cm, 2012년

지금 이 순간은 내 주변 사람들이 더욱 귀하게
생각되는 시간입니다.

코로나19 팬데믹이 언제 끝날지 모르는
인간관계의 소통이 단절된 현재의 상황
속에서,
이 그림들을 보면서
꿈과 사랑의 가족, 정겨운 사람들 사이의
관계에 대해 생각해 보면 위로와 함께
기쁨이 다가올 것입니다.

...
The Rooster, 20F, 유채, 아크릴릭, 72.7×60.6cm, 2011년

...

이 작품들은 우리에게 잊어버린 가족 사랑, 동심, 꿈을 찾게 해줍니다.

이 동물들은 가족의 구성원 중 누군가와 닮아 있습니다.

211

Part Five | Happiness

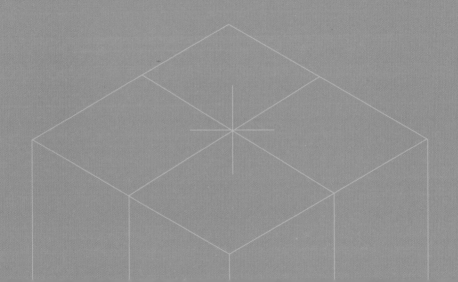

웃	음				
			뿌	리	는
마	음				

행복의 한쪽 문이 닫힐 때, 다른 한쪽 문은 열립니다.

그러나 닫혀진 문을 오랫동안 보기 때문에

열려 있는 문을 보지 못합니다.

- 헬렌 켈러 -

그럴 수 있다.
그것이 인생이다

이왈종 • LEE WAL CHONG

:
:
:
:
:
:
:
:
:
:

30년 전 제주는 어떠했을까요?

최근까지도 제주 사람들은 타 지역 사람들에 대해 마음의 문을

쉽게 열어 주지 않는다는 기사를 보았습니다. 그런데 30년 전은

오죽했겠습니까?

30년 전 제주에 혈혈단신 내려온 이왈종 작가는

딱 5년 동안 혼자서 그림을 그리다 죽겠다는 각오로 작업에

집중하였습니다.

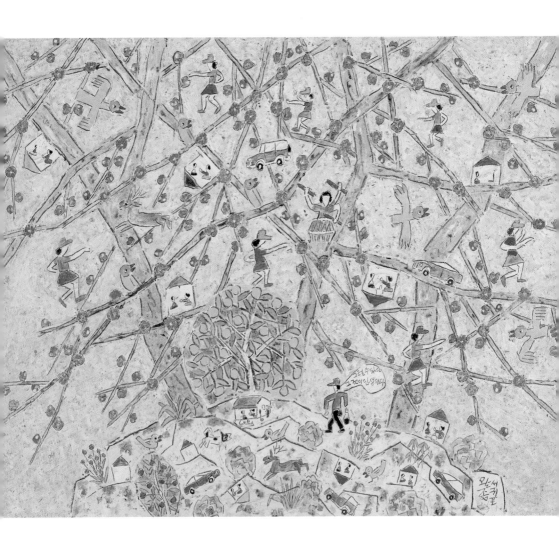

그 외로움과 마음의 상처, 고독은 이루 말할 수 없었을 것입니다.

서귀포는 인적이 많지 않은 매우 외로운 곳이었습니다.

바람과 파도 소리만 가득한 곳이었습니다.

작가는 중도^{中道}와 연기^{緣起}를 알고부터 제주 생활이 행복했다고

합니다.

중도는 있는 그대로 사물을 바라보는 것이고,

연기는 순환의 법칙을 말하는데, 마음을 내려놓으니

비로소 행복해졌다고 합니다.

'그럴 수 있다. 그것이 인생이다'

얼마나 위로가 되는 말인지 모르겠습니다.

이왈종 작가의 그림은 우리를 위로합니다. 사람들이 모여 있습니다.

...
제주 생활의 중도, 장지에 혼합 재료, 96×116cm, 2020년

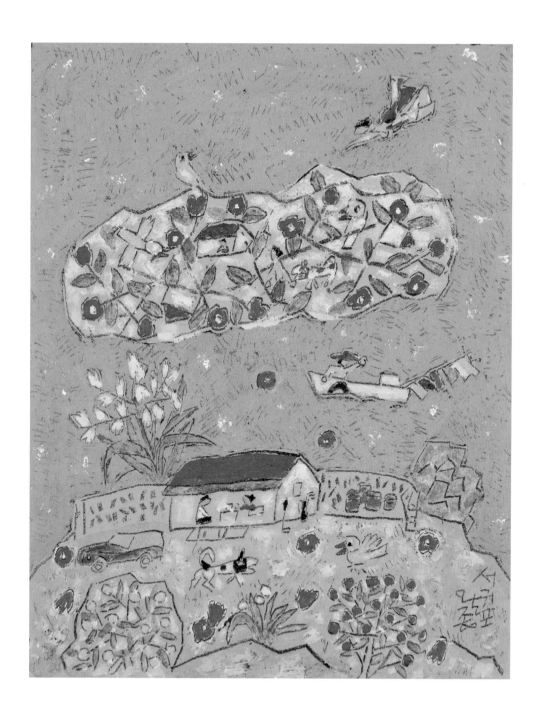

주변의 배경은 항상 꽃과 새와 나무가 가득합니다. 사람들 역시
움직이며 각자의 일을 기쁘게 하고 있습니다. 그래서 작가는
우리에게 부담없이 일상의 속삭임을 전달해 주고 있습니다.
그림 안에는 강아지와 새가 나오고 아이도 나오고
장사하는 사람도 나오고, 노부부도 나옵니다
연령별로 다양한 인물들이 등장합니다. 이들의 공통점은 모두
행복하고 각자의 삶에 만족스럽게 보인다는 것입니다.

....

어느 누구의 삶인들 힘들지 않은 인생이 어디 있겠습니까?
채플린의 "인생은 멀리 보면 희극이지만 가까이 보면 매일의 일상이
비극"이라는 말에 동감합니다.
취업을 못해 실의에 빠져 있는 사람들이 우리 주변에 많이
있습니다.
경제적으로 어려워 생활의 고통을 받는 사람들도 많이 있습니다.
한국은 극단적인 선택을 하는 사람들이 OECD 국가 중
1위입니다.
이런 여러 가지 어려움으로 생활이 우리를 힘들게 할지라도
실의에 빠지거나 슬퍼하지 말아야 합니다.

...
제주 생활의 중도, 장지에 혼합 재료, 41×32cm, 2020년

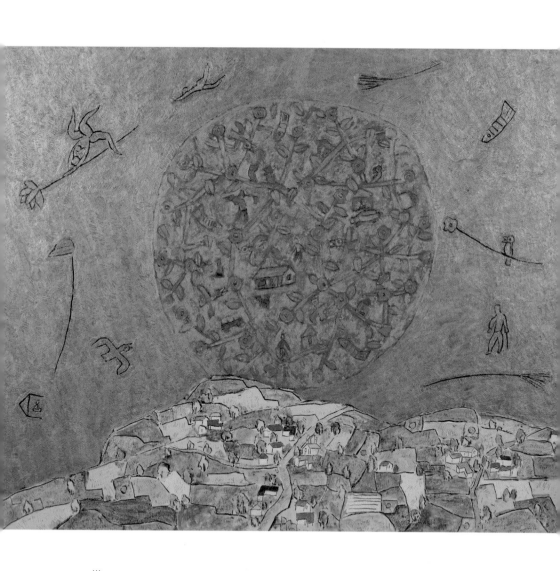

...
제주 생활의 중도, 한지에 혼합 재료, 90×116cm, 2010년

현재가 아무리 어렵고 고통스러워도 지나가고 나면

한낱 과거의 애잔한 추억에 불과합니다.

새들이 지지배배 노닐고, 가족이 도란도란 이야기하고,

아름다운 꽃이 활짝 핀 그림을 응시해 보세요.

어느덧 현재의 고통과 아픔이 눈 녹듯 사라지고 잊혀질 겁니다.

죽고 싶을 만큼 힘들고 아픈 이들에게 작가는 그림을 통해

용기를 줍니다.

....

그럴 수 있다. 그것이 인생이다.

이렇게 우리에게 말과 그림으로 다가와 준다면

마음의 변화도 일어날 수 있을 것입니다.

작가님과 막걸리를 마시며 서귀포의 바람과 노을을 보면서

인생을 논할 수 있는 시간이 주어짐은 너무나 행복한 일입니다.

그림의 배경이 모두 노란색으로 칠해져 있습니다.

꽃이 강조되어 산처럼, 나무처럼 집 울타리 뒤에서

소박한 가족과 울타리를 지켜 주고 있는 것처럼 보입니다.

노란색은 치유와 희망의 색입니다.

행복을 상징하는 핑크빛의 꽃과 자동차가 보이고,

나비와 젊은 여인이 꽃더미를 향해 날고 있습니다.

아버지는 강아지를 앞세우고 푸른 들판을 거닐며

아낙네들은 집 안에서 도란도란 이야기를 하고 있습니다.

새들이 지저귀며 사슴이 뛰노는 모습이 정겹습니다.

자족하며 사는, 소박하지만 행복한 가정의 모습이

잘 표현되어 있습니다.

...
제주 생활의 중도, 장지에 혼합 재료, 53×45cm, 2017년

...

새들이 지지배배 노닐고, 가족이 도란도란 이야기하고,

아름다운 꽃이 활짝 핀 그림을 응시해 보세요.

어느덧 현재의 고통과 아픔이 눈 녹듯 사라지고 잊혀질 겁니다.

불안 속에 피는
핑크빛 행복

하태임 • Ha Taeim

⋮

하태임 작가는 오랜 기간 휘어진 곡면의 색띠만을 그렸습니다.
그것들을 모으기도 하고 흐트러뜨리기도 하고 색띠만으로 화면을
구성합니다. 그리고는 총체적 색 집합체로 색덩어리들을 무리 지어
봅니다. 마치 호흡을 하는 듯 휘어진 색띠들은 여리고 위태위태한
진동을 가지고 올려지고 덮여지고 그렇게 자신을 드러냅니다.

작가는 형태를 포기하고 색채를 선택했다고 말합니다.
작가에게 색채는 위안이었고 사랑이었습니다.
소통이 단절될 때 작가는 컬러 띠를 통해 소통을 꿈꾸어 왔을
것입니다.

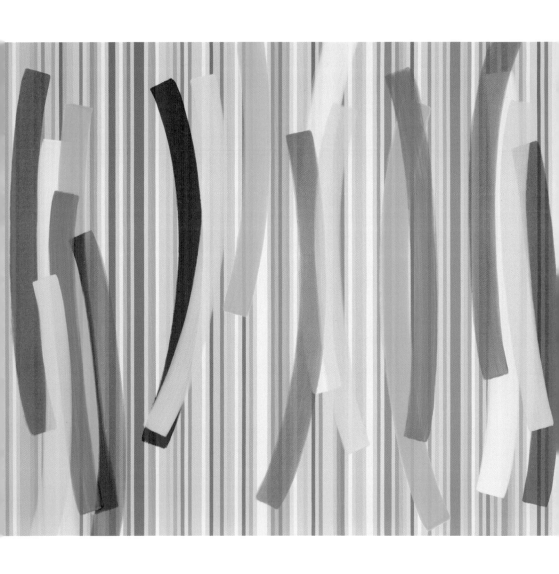

...
Un Passage No. 192004, 캔버스에 아크릴, 130×162cm, 2019년

다양한 색상들이 있습니다.

색에서 인연을 찾고 구원을 얻었습니다.

때론 띠에서 소통을 찾기도 하지만 마음은 아프더라도 소통을

단절시켜야 하는 것도 해야 할 일 중 하나였을 것입니다.

············

슬픔은 우리를 차분하고 겸손하게 합니다.

하태임 작가의 작품을 자세히 본 것은 베이징에 온 지

얼마 안 되었을 무렵 공공 기관에서였습니다.

저는 아무도 없는 그곳에서 두리번거리고 있었습니다.

그런데 그 자리에서 경쾌한 띠의 율동과 익숙한

한국인의 작품이 있었습니다.

낯선 땅에서 홀로 있는 저에게 소통하는 누군가가

내 옆에 있는 것 같았습니다.

작가의 띠는 유난히 맑고 깔끔합니다.

겹겹이 칠한 색띠의 한 뼘 너른 붓질은 그야말로 온몸을 적셔낸

영혼이라 할 만합니다. 그런데 색칠하기가 자신을 끄집어내

보이기보다 감추기 위함이라면 어찌해야 할까요?

227

...
Un Passage No. 201005, 캔버스에 아크릴, 162×227cm, 2020년

작가는 삶의 순간순간의 트라우마를 색을 통해 상흔을 깔끔하게
극복하고 덮으려는 듯이 컬러 겹칠하기를 통해 자신의 아픔을
하나하나 지우고 극복해 가는 과정을 거쳤을 것입니다.
기쁨의 현실을 기대하며 마음을 비우고 채우며
통로 역할로 사용했을 것입니다.

....

작가의 핑크색 작품은 달콤합니다.
핑크는 심리학적으로 여성적 부드러움을 느끼게도 하지만
행복이라는 상징성을 가지고 있습니다.
작가는 본인의 행복에 대한 열망도 간절했지만 자신의 작품을
마주하는 관객들에게 행복을 선물하고 싶은 강한 열망이
있었습니다.
행복 바이러스는 전파된다고 하지요.
어르신들께서는 좋은 기운을 가진 사람과 사귐을 가져야 한다고
말씀하십니다.
컬러 띠처럼 힘들고 불안한 시기에 소통과 소망의 끈이 계속
연결되기를 바랍니다.

…
Un Passage No. 201005, 캔버스에 아크릴, 162×227cm, 2020년

...

Un Passage No.171025, 캔버스에 아크릴, 130×130cm, 2017년

...

다양한 색상들이 있습니다.

색에서 인연을 찾고 구원을 얻었습니다.

때론 띠에서 소통을 찾기도 하지만 마음은 아프더라도

소통을 단절시켜야 하는 것도 해야 할 일 중 하나였을 것입니다.

행복이 가득한 집에
살아요

김명식 • Kim Myungsik

.
.
.
.
.
.
.
.
.
.

하얀 눈밭이 있습니다. 길을 따라 올라가면 집 두 채가 있습니다.

밤하늘은 눈이 시리도록 맑아 보입니다. 초승달이 떠 있습니다.

처음 이 작품을 보았을 때 '설국' 그 자체였습니다.

나는 가와바타 야스나리의 장편소설《설국》을 읽고 겨울에

니가타현을 방문한 적이 있습니다.

첫 장 "국경의 긴 터널을 빠져나오자, 눈의 고장이었다."

어린 시절 읽은 소설이지만 역시 기억에 남습니다.

왜 그럴까? 이 문장이 상상되면서 바로 시각화되어 우리의 기억에

저장되어 눈앞에 펼쳐지기 때문일 것입니다.

설국은 눈, 산골의 자연 풍경과 독특한 서정과 분위기가 한데

어울려 아련한 여운을 줍니다.

...

1.East Side 19-A01, 캔버스에 유채, 72.7×60.6cm, 2019년

이 작품에는 집이 두 채 있습니다. 둘이라서 결코 외롭지 않고
오히려 귀착지에서 느낄 수 있는 평안함을 느끼게 해줍니다.
흰색 눈밭 위의 파란빛은 반사되어 오히려 사방을 밝혀 줍니다.

...
2.East Side 17-N09, 캔버스에 유채, 72.7×60.6cm, 2017년

작가의 작품 속에는 행복해 보이는 집들이 많이 보입니다.

빨강, 파랑, 초록, 노랑, 연둣빛 행복한 집 그림을 보면서 동화 속 헨젤과

그레텔이 유혹받을 정도로 달콤해했던 과자집도 생각납니다.

집의 본연은 행복과 기쁨이라는 것을 충분히 느끼게 해주는 작품입니다.

그래서 많은 사람들이 이 집 작품을 구입하면서 행복을 꿈꾸는지도

모르겠습니다.

작품을 보고 있으면 어릴 때 유행하던 '비둘기처럼 다정한
사람들이라면'이라는 노래를 절로 흥얼거리게 됩니다.
복잡한 도시의 산업화 시대에 살고 있는 우리는 스트레스에
빠지기 쉬운 환경에 있습니다.
이에 따라 일상생활에서 행복하다는 말이 쉽게 나오지 않는
현실에 살고 있습니다.
이렇게 정신적으로 힘들고 피곤할 때 이를 해소하는 방법이
바로 좋은 그림을 감상하는 것입니다.
우리는 작품을 보면서 행복한 감정을 느낍니다.
김명식 작가의 작품은 고향의 깊은 향수가 되살아나는
유년 시절의 다양한 편린들이 심층적으로 캔버스를 덮고 있습니다.
마을의 이야기가 들려옵니다.
집이 서로 붙어 있습니다.
색깔이 다른 개성 있는 공동체이지만 집이 서로 붙어 있는 것으로
보아 작가는 이웃과 가족과도 잘 지내는 공동체를 구성하고
있음을 알 수 있습니다.
가족의 행복과 함께 고향의 그리움과 향수가 느껴집니다.
또한 우리의 동심을 자극하듯 어린아이와 같은 빨강, 파랑, 노랑 등
색들이 경쾌하게 캔버스 위에서 춤을 추고 있습니다.

...
3.East Side18-MA072, 캔버스에 유채, 90.9×72.7cm, 2018년

작가는 미국 롱아일랜드에서 연구 교수로 체류하면서
집과 사람들을 모티브로 얻어 작품을 발표하였습니다.
흰색, 검은색, 노란색 등으로 표현한 깃은
인종마다, 집마다, 얼굴마다 다양한 사람들의
삶의 애환과 스토리를 희망으로 전환하는 메시지를
화폭 속에 담아내고자 한 것입니다.
작가의 내면에는 인종의 차별에서 벗어나
색채의 하모니로 모두를 조화시키려는 희망과 염원이
담겨 있습니다.
우리의 정서적 허기감은 어디서 채워야 하는 걸까요?
역시 집일 것입니다.

…

가족의 행복과 함께 고향의 그리움과 향수가 느껴집니다.

또한 우리의 동심을 자극하듯 어린아이와 같은

빨강, 파랑, 노랑 등 색들이 경쾌하게 캔버스 위에서 춤을 추고 있습니다.

비단잉어의 움직임이
자유와 행복을 전해요

전미선 • Jeon Miseon

.
.
.
.
.
.
.
.
.
.
.

유원지에 가서 큰 비단잉어 한 마리에 과자 먹이를 줄 때, 깜짝
놀랄 만큼 큰 입을 벌리고 받아먹는 모습에 놀란 경험들이 있을
것입니다. 그다음 단계로 멀리 떨어져 있던 잉어들이 먹이를 준
장소로 다 몰려드는데,
그 힘찬 잉어들의 모습에 놀란 기억들이 있을 것입니다.

저는 집이나 음식점에 걸려 있는 그림 속 잉어의 모습에서
어릴 적 잉어에 대한 기억을 떠올렸습니다.
그 뒤 잉어를 가까이서 자주 볼 수 있는 기회가 생겼습니다.

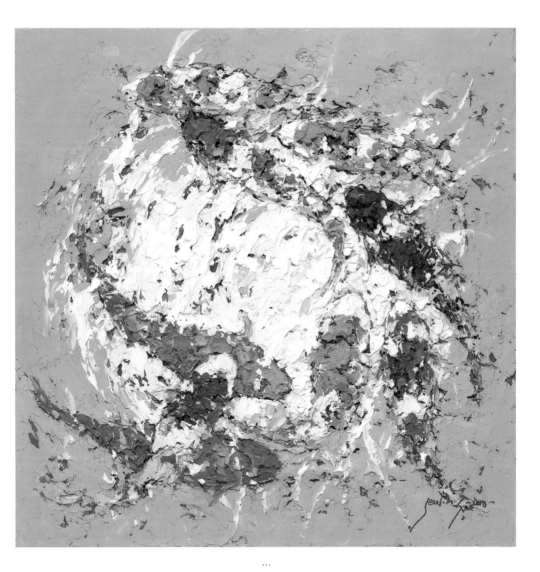

...
KOI 177, 캔버스에 유채, 60,6×60,6cm, 2018년

중국에 있는 동안 그동안 유원지나 그림 속에서나 보았던 잉어들을
유원지뿐만 아니라 음식점과 호텔, 큰 기관 로비 인공 연못에서까지
가까이 자주 보게 되었습니다.
동양에서는 잉어가 주는 의미가 남다르다는 것을 알게 되었습니다.
동양에서는 잉어는 행운, 입신, 출세 그리고 부와
재물을 상징힙니다.

....

이유 없이 나른해지고 힘이 없을 때 이 그림을 보았습니다.
에너지가 느껴졌습니다.
특히, 출장 중 비행기 안에서 본 이 그림은 이번 출장이 성공적일
거라는 심리적인 긍정의 힘이 들게 하였습니다.
역동적인 리듬과 에너지, 두꺼운 질감, 색채의 강약 조절, 윤곽과
거리와 깊이 조절 등을 기술적으로 잘 처리하여, 그 어떤
잉어 그림보다도 단순하고 힘찬 형태로 느껴지게 합니다.
특히 나이프로 캔버스 위에 표현하여 작업해서 거친 듯한
잉어들의 율동감은 힘찬 에너지를 느끼게 합니다.

...
KOI 307, 캔버스에 혼합 재료, 60.6×60.6cm, 2019년

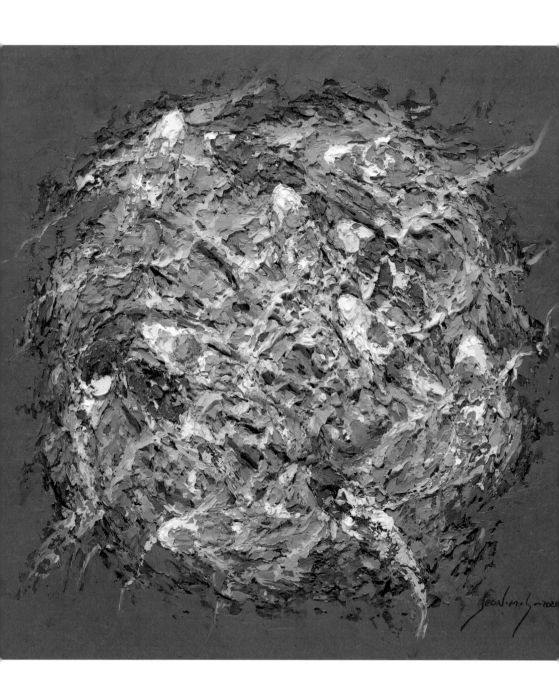

244

만다라曼陀羅, Mandala를 이용한 미술 치료 기법이 있습니다.

스위스 정신과 의사인 칼 구스타프 융C.G.Jung은 만다라를 인간

정신을 통합하고 성장하는 도구로 보고, 한 개인이 존재를 인식하고

고유한 자신을 찾아가는 개성화 과정을 나타내는 이미지라고

정의하였습니다.

만다라는 원 안에 자신의 마음을 표현하는 것으로 시작됩니다.

만다라는 우주 속의 나 자신과 자신의 위치를 찾고자 하는 물음에서

비롯된 마음의 원형입니다.

············

이 그림을 보면 물이라는 원 안에 잉어가 구심을 그리고 있습니다.

이 그림은 만다라에 나타나는 주기적 특성 3단계에 해당됩니다.

해석하면, 출생 과정의 탯줄에 비유할 수 있으며 삶을 시작하는

움직임이 나타나는 시기입니다. 이 시기 만다라는 개별화된

자의식에 이르는 과정이 시작됨을 의미하며, 움직이고 창조하며

성취하고자 하는 열망이 나타나는 단계입니다.

그래서 우리에게도 역동성을 전달해 주고 있습니다.

동양의 잉어가 서양의 매체와 만나서 탄생한 비단잉어의 힘찬

움직임을 통해 우리는 다시 시작할 수 있는 힘을 얻게 됩니다.

...

KOI 353, 캔버스에 혼합 재료, 72.7×72.7cm, 2020년

246

비단잉어는 어떤 의미를 가졌을까요?

비단잉어는 사는 환경과 공간 크기에 따라서 자라는 정도가
다르다고 합니다. 작은 공간에서는 작은 물고기가 되고, 커다란
공간에서는 1m가 넘는 대어가 되기도 합니다. 우리 인간도
마음속에 품은 꿈과 이상의 성숙 범위에 따라 성장
가능성과 삶의 깊이가 달라집니다.

비단잉어 그림은 신기롭게도 거리에 따라 달리 보이는군요.
멀리서 보면 잉어의 형상이지만 가까이 보면 두꺼운 물감 덩어리의
강약과 나이프 특유의 터치로 지극히 추상적인 리듬을 형성합니다.
작가는 이젤 앞에 서면 가슴이 두근거리며 행복감을 느낀다고
합니다. 그 모든 행복과 감사를 작품에 담아냅니다.
따라서 작품 하나마다 행복과 즐거움과 힘찬 에너지가
녹아 있을 것입니다.
아름답고 좋은 의미를 가진 비단잉어를 캔버스 위에, 역동적이고
리듬감 있게 다양한 모양, 화려하고 부드러운 색감으로, 긍정과
감사와 따스한 정서로 채워 간 이 그림을 자세히 살펴보세요.
고요하게 바라보는 동안 우리들은 긍정의 시각으로 행복한 마음을
가득 채워갈 것입니다.

...
KOI 298, 캔버스에 혼합 재료, 162×130.3cm, 2019년

...

우리 인간도 마음속에 품은 꿈과 이상의

성숙 범위에 따라 성장 가능성과

삶의 깊이가 달라집니다.

산책하듯 자연스럽게
마음의 파도를 다스려요

권두현 • Kwon Doohyoun

·
·
·
·
·
·
·
·
·
·
·
·

그림 속에 또 다른 그림이 보입니다.

그림은 삶에 지친 우리에게 정신적·심리적 치유를 줍니다.

편안함과 화사함이 느껴지는 풍경입니다.

파도치는 바다. 눈덮인 산.

작가는 우리에게 숨은 그림을 찾도록 유도합니다.

작가가 의도한 자연스러움에 우리는 자연스럽게 치유를

경험하게 됩니다.

심상은 그렇게 시작됩니다.

여행하듯 느껴지는 감정이 자연스럽게 밖으로 뿜어져 나간다는

것을 느낄 수 있습니다.

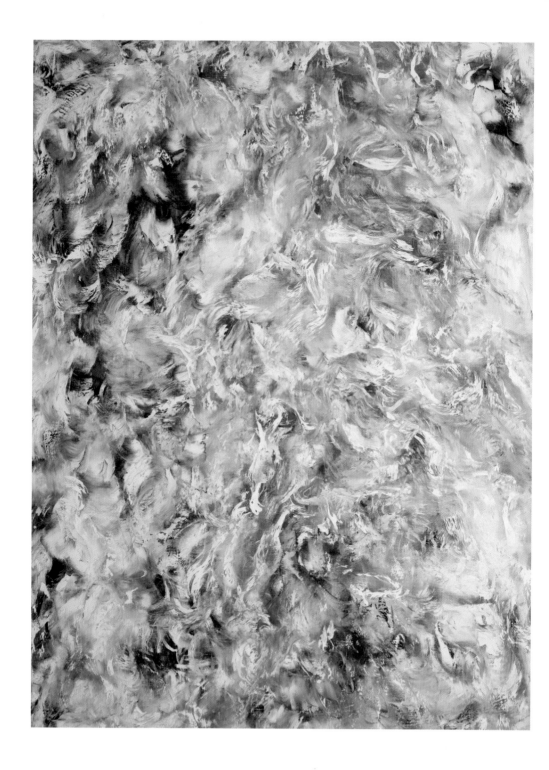

우리는 누구나 마음의 바다를 가지고 있습니다.

잔잔하기도 하고 때론 거칠기도 합니다.

마음속 다양한 감정이 살아 있습니다.

작가는 이런 감정들을 부담스럽지 않게 자연스러운 호흡을 통해

표현하도록 합니다.

············

마음의 파도.

사고하고 고민하는 우리에게 이미지를 제공하고

그 이미지를 통해 자연을 만나게 합니다.

작가는 코로나로 인한 언택트 시대를 예언이라도 한 것처럼

그림을 통해 자연을 만나게 하고

각자 마음의 파도를 다스리도록 합니다.

강요하지 않고 산책하듯 거닐게 합니다.

···
#B5660, 리넨 캔버스에 유채, 259×194cm, 2017년

#B5680, 리넨 캔버스에 유채, 194×259cm, 2017년

...

권두현 작가와의 인연은 꽤 오래전부터입니다.

사진작가로 활동하다가 회화로 첫 전시를 하게 된 작가의

개인전에 평론을 쓰게 된 것이 인연이 되었습니다.

그 후 작가는 독일로 갔고, 몇 년이 지나서 귀국했을 때

다시 만나게 되었습니다,

오랜 시간 미국과 유럽에 있었던 작가는 큰 캔버스에

동양적인 섬세한 작품을 선보였습니다.

....

서양화지만 동양의 아름다움이 가득하게 느껴집니다.

전체는 추상화같지만 하나하나 상황에 따라 각도가

주어지는 것에 맞추어 이야기가 나옵니다.

정선의 금강산도가 위에서 볼 때와 거닐면서 볼 때 등

위치에 따라 신기하게도 소실점이 다른 것처럼 느껴집니다.

숨은그림 찾기처럼 다양한 동양화 읽기 숙제를 하는

착각이 들 정도입니다.

...

#B5750, 리넨 캔버스에 유채, 145×291cm, 2017년

권두현 작가의 작품은 작품마다 다양한 여유를 느끼게 해 줍니다.

추상화와 같지만 우리의 마음을 콕 찍어 주는 것처럼 지루함이

없습니다. 빡빡한 일상에 지친 당신에게 이렇게 산과 바다와

하늘 구름은 마음의 안락함과 휴식을 줍니다.

그림을 감상하다 보면 어느덧 느림의 여유가 나오고

동양화의 잔잔한 강물결 같은 느낌에 빠져들어갑니다.

경치의 겉모습만 보게 하는 것이 아니라 근본적인 모습을

만나게 합니다.

향기, 바람, 폭포, 구름, 물, 공기의 움직임이

느껴집니다.

추상적 배경을 바탕으로 자연을 찾게 해줍니다.

우리의 인생도 그런 것 같습니다.

눈앞에 보이는 현상이 다가 아니고

그 내면과 이면에 우리의 숨은 심성과

진심이 보물처럼 감추어져 있을 때가 있습니다.

...
#B2680, 리넨 캔버스에 유채, 145.5×114cm, 2016년

...

향기, 바람, 폭포, 구름, 물, 공기의 움직임이 느껴집니다.

추상적 배경을 바탕으로 자연을 찾게 해줍니다.

우리의 인생도 그런 것 같습니다. 눈앞에 보이는 현상이

다가 아니고 그 내면과 이면에 우리의 숨은 심성과

진심이 보물처럼 감추어져 있을 때가 있습니다.

참 고 문 헌

금강산과 DMZ. 제주국제평화센터 전시도록

김병헌. 동물희극, 파라다이스로의 여정. 전시도록

김성호. 일자로부터 순환하는 '변형의 공간'. 전시도록

김찬동. 모호함 속에 내재된 실체, 혹은 주름과 차이. 전시도록

김창열 미술관 제주도립미술관. 도록

서성록·정영주. 기억의 퇴적기 빚어낸 풍경. 전시도록

안현정. 블루가 핑크를 만났을 때. 전시도록

안현정. 하태임 읽기, 사랑과 존재에 대한 날카로운 집착. 전시도록

유헌식. 대지의 평화를 위한 초록의 기도 전시도록

은미희. 공존을 그리다 - 정성준, 그가 들려주는 환경 이야기. 전시도록

이나연. 무로 돌아간 물방울 화가. 한겨레

이선영. 소리없는 음악, 또는 에너지 변환 장치. 전시도록

이추영. 자연이 되는 꿈. 전시도록

이태호. 온몸으로 적셔낸 영혼, 하태임의 색띠들. 전시도록

홍순명. 헬로우전

우에쿠사 가꾸, 信濃毎日新聞. 2002.8.6

참고 사이트

https://blog.naver.com/lotuslhr/221133547978
https://blog.naver.com/spodc/221336857391
https://blog.naver.com/sejong_hotel/221364137043
https://m.blog.naver.com/leespider/220265141159
https://blog.naver.com/j640515/220842143217
https://blog.naver.com/yesultong/220932175780
https://blog.naver.com/pink3380/221435261118
https://blog.naver.com/ajnatarot/221367970211
http://www.daeguartmuseum.org/exhibition/pop_exhibition3.
html?sid=49&gubun=1&bbs_start=
https://blog.naver.com/502maple/50188259141
https://blog.naver.com/appleberry12/220450495660
https://blog.naver.com/pink3380/221435605920
https://blog.naver.com/cha_art/220894068315
https://blog.naver.com/shn2213/222087746043
https://m.blog.naver.com/bpkarijju/222085498494
http://www.kyobobook.co.kr/product/detailViewKor.laf?mallGb=KOR&ejkGb=KO
R&barcode=9791186343135
https://blog.naver.com/pig33623/221777478760
https://news.naver.com/main/read.nhn?mode=LSD&mid=sec&sid1=110&oid=028
&aid=0002496817
https://blog.daum.net/04nuri/2865442
https://blog.naver.com/gallery41/222124140402
https://blog.naver.com/dgguard/221100728376
https://blog.aladin.co.kr/756005225/11352682
https://signalm.sedaily.com/NewsView/1Z59F5TGMV/GH02
http://www.artcelsi.com/g4/bbs/board.php?bo_table=exhinfo&wr_
id=1269&page=
https://blog.naver.com/artforlove/121556428
https://neolook.com/archives/20180713b
https://blog.naver.com/todaynewspaper/222097563828
https://blog.naver.com/sejong_hotel/221364137043